力のある教材は
授業に鼓動を与える

新編

技術科教材論

【編著】

安東 茂樹
原田 信一
藤川 聡

竹谷出版

まえがき

　技術科教育は,社会の変化とともに教育内容や教材にその影響をうけつつも,「ものづくり」の教育としての本質は変化することなく,脈々と続いてきたと考えられます。生徒の成長発達とともに求められる能力,すなわち人間として備えておく必要のある,新しいものを発想したり創造したりする力・機能性や構造の丈夫さを考える力・材料が備えている特長を生かし知覚を働かせ手を使って製品を作る力及び目的とする働きをプログラムできる力などが求められています。これらの力は,人間の成長や発達に必要不可欠な能力であり,実践活動の過程で育まれるもので,その能力育成のための命題を考えていきます。

　その第1の命題として,人間が生きて働くという人間の基本行動を養うための教育を技術科教育と捉え,その授業展開を左右する教材の位置づけを明解にすることによって,技術科教育の指導のあり方を具現化するという考え方です。これは,現代の教育課題である「生きる力」に通じていて,変化する社会の中で,問題を見つけ,課題を設定して,自ら学び,自ら考え,主体的に判断と行動し,よりよく問題解決する資質や能力を養う教育が求められるという所以です。

　次に第2の命題として,技術科教育の指導展開で,理論学習・課題設定・設計・製作・評価・活用等の流れにおいて,実践的・体験的な学習を通して工夫し創造する技術的な能力の育成を求めているという考え方です。これは,生活を便利で豊かにするための社会の機構を構築するシステムとして,人間として生きていくための知恵である技術的能力の育成が求められているという所以です。

　そして最後に,第3の命題として,実際の技術科教育に視点を向けた場合,実践的・体験的な学習を推し進めるための授業に大きな影響のある教材,すなわち主たる学習素材としての題材のあり方について検討を加える必要があるという考え方です。これは,その題材の選定方法や位置づけ,また教材の意義とともに学習する生徒の状況との関係など題材の効果について分析することが重要という所以です。

　以上の視点から,「新編 技術科教材論」で,技術科教育の目指すものや教材の位置づけ・教材開発の視点及び実際を具体的に示すことで,これからの技術科教育の実践に寄与できると切望してまとめました。

日々の授業で教師は，生徒の前に立つ最大の教材的な存在と言われます。教師を教材と述べるのは，その人間性や日々の生き方が直接生徒に伝わって，強い影響を与えていることを意味します。では，技術科教師とは，と問われると，「クリエイティブなものづくり教育を通して，人間としての生き方を具現化する存在」と応えます。生徒の前に立って「指導法を工夫し，教材を選定し，信頼される評価を返す」指導をします。そのために「日々の研修姿勢やスキルの向上・新たな社会変化への対応や情報収集及び授業改善」に絶えず努め，心情として「指導する信念や，生徒への思いやり，及び目指す夢」を大切にし，個々人に「人間性の豊かさや生き方の確かさ」が求められます。

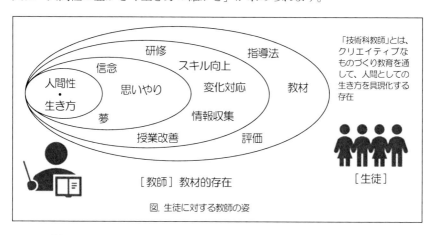

図．生徒に対する教師の姿

　この「新編 技術科教材論」は，中学校の技術科教育に携わる技術科教員を始め，大学の教員養成課程で技術科教育の内容を学習する学生の皆さんにも有用な書物と位置づけられます。書名の「技術科」は中学校の技術・家庭科技術分野のことを意味し，「教材論」の教材の文言は多義の意味や多様な用いられ方がなされ，教育目的を達成するための生徒の学習に供する素材であり，カリキュラムや題材を構成する内容そのものです。そのため，技術科教育の教材研究・教材開発・教材設定・教材内容・教材構成等に役立つと考えています。

　執筆者一同，技術科教育の推進や発展に寄与できることを願って，その思いや実践を各紙面に示していますので，広くご活用をお願いいたします。

（安東　茂樹）

序章

「新編 技術科教材論」とは

　Society 5.0 の急速な進展，人生 100 年時代化，社会の変化は著しく，未来の予測は困難になっている。子どもたちはそのような時代を生き抜く力をつける必要があり，そのため学校も新しい学習指導要領や GIGA スクール構想などへの対応が求められている。このような状況にあって，教師はビジョンを持ち日々の教育活動を進めなければならない。これからの時代は，多様な人達と創造し，探究的にこの世に 1 つしか存在しないものを作っていくということが重要となる。そのため従前の基本的な知識・技能なども大切にしつつ，それ以上に授業における問題解決的な学習から思考力，判断力，表現力，そして主体的に多様な他者と協働する力，バランス感覚の揃った生き方が求められる。このような現状から，生徒が主体的・意欲的に取り組み自己効力感を高める授業を展開していくことが，これからの学校現場の課題であると思われる。そして，現代の学校教育の在り方として，情緒的で感性豊かな子どもの「心の教育」が必要であり，知識偏重の教育から実践的・体験的な学習への移行が求められる。その意味では，ものづくりの学習を基軸とする技術科教育に求められる役割は大きい。中学校の必修教科の一つである技術科は，技術的素養をもった人格を形成するという役割をもって国民の生活と我が国の社会を支えている。これによって豊かな人間形成に寄与しようとするものである。本書「新編 技術科教材論」は，このような経緯をふまえて中学校の技術科教育に携わる技術科教員を初め，大学の教員養成課程で技術科教育の内容を学習する学生及び大学院生に向けて，大学における技術科教材論の教科書ないし参考書として編集した。

　新学習指導要領に対応すべく刊行した本書は，第Ⅰ章では第 1 節に「技術科教育の役割」「技術科教育の課題」「技術科教育のこれから」の 3 視点から，技術科教育の意義について述べる。第 2 節に学習指導要領で求められている「技術科の目標・内容」「技術科の指導と評価」の 2 視点から学習指導要領における技術科の内容について述べる。第Ⅰ章を通じ「技術科教育がめざすもの」についてまとめた。第Ⅱ章では，第 1 節に「教材・教具・題材とは」「学校現場にお

ける教材・教具・題材の捉え」の２視点から教材・教具・題材の定義について述べる。第２節に「製作題材を中心とした技術科の指導法」「技術科における題材の位置づけ」「技術科における教材のねらい」の３視点から「教材と指導」について述べる。第２章を通じ「技術科における教材とは」についてまとめた。第Ⅲ章では，第１節に「良い教材の条件」「教材開発へのアプローチ」「教材開発の意義」の３視点から教材開発とはについて，第２節に「技術科に求められる教材とは」「製作題材の開発」の２視点から技術科における教材開発の視点について述べる。第３章を通じ「教材開発の視点」についてまとめた。第Ⅳ章では，全国の技術科教員による課題解決学習を基軸とした題材の開発事例を紹介している。Ａ 材料と加工の技術では７つの授業実践をまとめている。具体的には，課題解決学習として共通課題と個別課題の設定をしたり，試作品の製作を活用して課題見つけたりして解決策を考えさせる取り組みをしている。また木製品の設計・製作，パフォーマンス課題により思考力・判断力・表現力を育てるブリッジコンテスト，生徒の心と技能を育てる授業，地域の伝統工芸の手法に学ぶ授業など，生徒の実態に即した製作題材等について述べている。Ｂ 生物育成の技術では３つの授業実践をまとめている。具体的には，生物育成において問題を発見し解決するため，水菜の２度栽培や地域の伝統野菜（大和野菜）の栽培，及び農業技術の基礎・基本をおさえた生物育成の技術による問題解決の授業づくりとしてミニトマトの栽培など，地域や学校の実態に合わせた題材について述べている。Ｃ エネルギー変換の技術では２つの授業実践をまとめている。具体的には，思考ツールの活用やキット教材で思考を深める問題解決的な題材について述べている。Ｄ 情報の技術では３つの授業実践をまとめている。具体的には，題材として「micro:bit」「ロボットプログラミングキット」「Scratch1.4」を活用して，プログラミング的思考を育成する題材について述べている。とりわけ「製作題材の開発及び実践例」を示した章を設けたことには，技術科の授業で即実践できる製作題材の具体例や効果的な教材開発の視点をできるだけ多く提示したいという「新編 技術科教材論」への著者の考えを反映させた。本書が技術科教育を志す多くの方に少しでも役立つ事が出来れば幸いである。

（原田 信一）

第Ⅰ章

技術科教育が目指すもの

第Ⅰ章
技術科教育が目指すもの

　技術の進歩とは，有史以来，人間が着々と伝え創造してきたもので，形となって残っている建物や乗り物，精密機械や情報機器など人間が住む空間全てに有形の存在として見とることができる。このように進歩や発展してきたのは，技術の進歩と関連し，無形の存在で，人間の頭の中すなわち脳の中に備わっていて，工夫する力や創造する力として延々と発展してきたからと考えられる。

　技術科教育は，材料と加工・生物育成・エネルギー変換・情報の技術についての実践的・体験的な学習を通した「ものづくり」によって構成されている。授業における問題解決的な学習から，バランス感覚の整った生き方が育まれ，情緒的で感性豊かな人間形成に有用に働くと考える。それが，生徒の職業選択や求める人生に，夢や希望をもった生き方として自分の可能性や自己肯定感が膨らむと推察される。ものづくりの学習によって，子どもの願いや思いを育み，技術科教育が人間形成に影響を及ぼし，豊かな人間育成が実現する。

　技術科教育では，授業方法に問題解決的な学習を取り入れ，社会の変化に伴って教育内容に影響を受けながら「ものづくり教育」として，その本質は変化することなく脈々と続いている。子どもの成長発達とともに求められる能力，すなわち新しいものを発想したり創造したりする力など，例えば，材料と加工の学習で身近な道具の機能性や製品等の構造物としての丈夫さを考える時，材料の備えている長所を生かす知覚を働かせ，科学的な手法や直接手を使って段取りしながら製品を作ることなどが求められる。これらの諸能力は，技術の位置づけである見方・考え方を明確にして学習を推し進め，人間の成長や発達に有益であり，実践活動の過程で情意面の成長とともに育成されている。このことは，関連する学会や研究会等の大会やホームページの標語にも「ものづくりは人づくり」として人間育成を目指している。その要因の一つとして，人間は社会的動物と言われるように，コミュニケーション能力の育成とともにものづくり教育が人間形成の一躍を担うことが明らかにされていることがある。よって，ものづくり教育は人間が生きていくために重要な役割を果たすと考えられる。

ー第1節ー

技術科教育の意義

1　技術科教育の意義

　従来から，技術科教育とは，ものをつくる過程を通して，エネルギー資源の在り方や資源の有効利用など，科学の応用としての技術の重要性とその意義を学ぶ教育である。そして，身近な技術を問題解決的な学習の中で適切に評価したり判断したりできる能力の育成を通して，コントロール(制御)やアセスメント（影響評価），及びトレードオフ（比較考量：目的とする技術的課題を解決するために，使用目的や使用条件に即した機能と構造を考えるとき，必要な制約条件と共に社会的・環境的・経済的側面等から課題解決の根拠となる価値判断の規準を設定し，望ましさや他への影響を比較や判断すること）などを身に付けさせる，テクノロジー教育の基礎と明確化して位置づけがなされている。

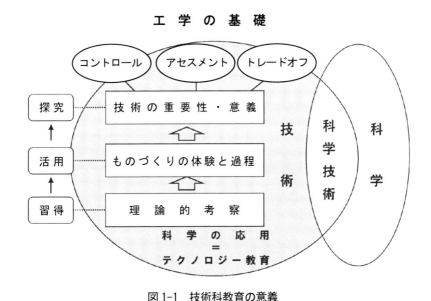

図1-1　技術科教育の意義

現在の技術科教育の内容は，戦後，技術科が創設された頃と明確な違いがあり，教科内容の位置づけや方向づけが再構成され，時代の要請に応える形で変革がなされてきた。主として，技術科教育の学習を生活における技術に問題意識を持たせると共に，技術を工学の基礎として国民に求める内容として位置づけ，産業で用いられている技術を社会・環境，及び経済との関わりについて展開する方向性を強調している。このことは，学習内容の高度化であり，再構成して深化させたもので，「人間形成上で求められる能力の一つ」として，教科の役割や位置づけを明確にした改善である。したがって，技術を理論的に位置づけるだけでなく，ものをつくる過程を通して，社会や環境及び経済に関する技術を科学の応用として位置づけ，その重要性と意義を再構成して指導することを求めている。

２　技術科教育の課題

（１）技術科教育の学び

　技術科教育の学習は，ものづくりなどを通して基礎的・基本的な技能を習得させるとともに，これから社会生活や個々人の生き方で評価したり活用したりする能力や，実社会において実践できる態度を育むことをねらいとしている。

　そのため，

① 　基礎的な知識・技能，重要な概念等の理解と習得
② 　技術を活用した製作・制作・育成とその習得
③ 　問題解決的な学習の習得
④ 　社会・環境・経済と関わる技術の理解と習得

についての指導が求められている。

　例えば，材料と加工の技術で，木材や金属及びプラスチックの素材と加工について理解させる。生物育成の技術で，作物の栽培，動物の飼育及び作物や水産資源の栽培を取り上げ，社会の進展及び環境や経済の関わりについて評価し活用する能力と態度を養う。エネルギー変換の技術では，わが国のエネルギー利用や環境保全の重要性を理解させ，トレードオフである複数の要素が互いに相反する利害を伴い，どれかのメリットを選択することによって別のデメリッ

トやリスクが発生する中で，その有用な活用の在り方について判断する能力を育成する。そして，情報の技術では，小学校や中学校の他教科等における情報教育との関連，及び高等学校との接続に配慮して内容の深化と再構成がなされ，ネットワークの双方向性のあるコンテンツのプログラミングや，計測・制御のプログラミングを指導する。また，ガイダンスとして，初めて学ぶ技術科教育の内容を理解させ，見通しをもった学習が達成できるように１学年の最初の授業で指導する。

　次に，各内容と社会や環境，及び経済との関わりについて指導し，これまでの生活という範囲からより発展させ，社会を支えている産業やそれに伴うものづくりに視野を広げ，関連する技術について取り扱う。したがって，計画・設計，製作・制作・育成，評価する過程を経て，発想や動機といった目的達成を目指し，科学的な知識・技能及び身体的な活動を通した技能の習得などを指導して，創造する活動と活用する能力及び評価し適切に判断する能力を養う。このような技術の評価，選択，管理・運用，改良，応用に関する実践的・体験的な活動を通して，技術についての理解が深まるとともに，よりよい生活や持続可能な社会の構築に向けて，技術によって課題解決する力と適切かつ誠実に技術を工夫し創造しようとする態度の育成が求められている。

（2）技術科教育の学力構造

　技術科教育で求める資質・能力を学力構造で捉え，その具現化が求められる。技術科教育の資質・能力をまとめると，以下のようになる。

　表層の学力として基礎的な知識・技能（習得として「知る」「できる」こと）とそのための関心や意欲を包含し，中層の学力として転移可能性の高い認知的能力（判断を伴って「知る」こと）と技術的能力（体験を通して「できる」「考える」こと）を育み，その結果，深層の学力として生きる力である実践的な態度（評価・活用として「考える」こと）が生まれ，それらを総合化して判断し，現実社会で意欲的に評価や活用する態度形成が構築される構造である。

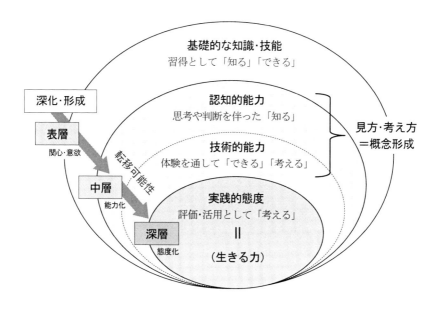

図1-2 学力構造と資質能力（安東・城1986より一部修正）

　ここで示している「知る」「できる」「考える」ことは，学習指導要領の内容
（A～D）の，項目［(1)～(3)or(4)］に示されている，事項（ア，イ）の内容
の語尾（「理解する」「できる」「考える」こと）に対応している。
　学習展開としては，まず表層の学力を育て，次に中層の学力へ，そして深層
の学力へ深化・形成していく転移可能性が求められる。要は，一斉指導で教科書
や資料等の内容を通して基礎的な知識や技能の指導を行い，次に生活や社会の
技術に関わる問題から課題を設定し，その解決に向けて評価・改善して解決す
る力を養うために，ものづくりや実習など実践的・体験的な学習活動を通して生
徒の認知的能力や技術的能力を育てることを目指している。
　このような問題解決的な展開を通して，生徒は実生活で応用や発展する実践
的な態度を深化・形成する。言い換えると，一連の指導を通して，生徒に備わる
実践的な態度，すなわち「生きる力」が育成され，深化・形成の過程において評
価・活用する力や，創造し工夫する力等の資質・能力の育成を求めている。

（3）技術科教育の評価観

　生きる力を育む教育課程において，技術科教育を学ぶことの目的を考えた場合，生徒の生き方との関わりとして，つくる喜びや便利さの喜び，そして豊かさの喜びが含まれる。この喜びは，有形の具体物として製品や機器に見とることができるが，人間にとって無形の存在で培われていると考えられる。例えば，材料と加工の技術のものづくりにおいて，加工したり改造したりする運動技能や，自由に素材を選んだり便利なデザインを考えたりする知的技能は，すべて一人一人の人間の自己調整力や自己モニタ力（自分の知識・技能を上位からコントロールする能力，すなわち自分の行為の仕方・操作の方法などとその評価を監視する能力＝メタ認知の能力の一つ）によって操作されている。この自己調整力としての自己モニタ力が，技術科教育でつけたい力になると考えられる。

　これまで，技術科教育でつけたい力を育成するために，実践的・体験的な学習活動を通して，個々の生徒に製作品を完成させることやよい製作品を作り上げることに焦点を絞ってきた。その結果，製作品の良し悪しのみで生徒の評価を返してきた。しかし，結果としての製作品の出来映えに関わらず，どのように考え，製作過程でいくつの手法を取り入れ，創意工夫し創造性豊かな発想を発揮しているかなど，各生徒が学習初めよりどれだけ伸びたかその変位を示すものでなくてはならない。したがって，いろいろなパターンを駆使するスキルが多いほど，いろいろ具体的な問題を解決する経験が多いほど学びが存在し価値が認められる，と考えられる。

　言い換えれば，技術科教育に求められる能力・求められる指導法・求められる評価は，ものづくりの結果としての製作品だけでなく，その過程に備わる知識や技能の思考活動であり認知活動や創造活動である。すなわち，これが認知的能力であり技術的能力であって，最終的に評価や活用する実践的態度へ深化・形成していくことになる。

3　技術科教育の指導法

　技術科教育では，これまで題材を中心に学習内容を構成するプロジェクト法の学習展開を推し進めてきた。その過程で，知識や技能・工夫や創造する力・学ぶ関心や意欲や態度等を育む指導を積み重ねてきた。

その理由として，

① 学習の動機づけや意欲を高めるのに適し，完成の喜びをもたせることができること
② 生徒の主体的活動を育成し，問題解決的な学習に適していること
③ 生徒の創意工夫する能力や実践しまとめる能力，及び評価する能力を育てることができること

などから，技術科教育の指導法として認知され実践されてきた。

　従来から，技術科教育では，「実践的・体験的な学習活動を通して」という文言が教科目標に入り踏襲されてきた。そして，学習指導要領の技術科の分野目標の最初にも用いられている。要するに，技術科教育において，教室で一斉に教科書や資料集を用いて展開する指導法，すなわち，座学だけで学習が成立することはあり得ないということを意味する。したがって，技術科教育は，材料と加工，生物育成，エネルギー変換，及び情報の題材について，実践的な学習や体験的な活動を通して，生徒自らが学習内容を習得し，学びの楽しさや完成の喜びを体得させることが大切である。このことは，引き続き，技術科教育の指導法として確立していく必要がある。

（安東　茂樹）

参考文献

1) 技術科教育はなぜ必要か −人を育て文化を築く「ものづくり」−，竹谷ブックレット，2014.9
2) ものづくりからのメッセージ −技術科教育の基本−，竹谷出版，2016.3
3) 中学校学習指導要領（平成29年告示）解説 技術・家庭編，開隆堂出版，2018.3
4) 安東茂樹・城 仁士（1986），昭和61年度 日本産業技術教育学会 近畿支部大会（発表資料より）

－第2節－

学習指導要領における技術科の内容

1　技術科の目標・内容

　2021年度から，中学校で新学習指導要領が「全面実施」となる。知・徳・体にわたる「生きる力」を子供たちに育めるよう「何のために学ぶのか」という各教科等を学ぶ意義を共有しながら，授業の創意工夫や教科書等の教材の改善を引き出していくことができるようにするべく全ての教科等の目標及び内容を「知識及び技能」「思考力・判断力・表現力等」「学びに向かう力・人間性等」の三つの柱で再整理された。

（1）目標

　技術・家庭科技術分野（以下，「技術科」とする）においては，技術の見方・考え方を働かせ，ものづくりなどの技術に関する実践的・体験的な活動を通して，技術によってよりよい生活や持続可能な社会を構築する資質・能力を育成することが求められ，以下の目標が示された。

---

(1)　生活や社会で利用されている材料，加工，生物育成，エネルギー変換及び情報の技術についての基礎的な理解を図るとともに，それらに係る技能を身に付け，技術と生活や社会，環境との関わりについて理解を深める。

(2)　生活や社会の中から技術に関わる問題を見いだして課題を設定し，解決策を構想し，製作図等に表現し，試作等を通じて具体化し，実践を評価・改善するなど，課題を解決する力を養う。

(3)　よりよい生活の実現や持続可能な社会の構築に向けて，適切かつ誠実に技術を工夫し創造しようとする実践的な態度を養う。

文部科学省「学習指導要領」から

技術科においては，社会・環境及び経済といった複数の側面から技術を評価し具体的な活用方法を考え出す力や，目的や条件に応じて設計したり効率的な情報処理の手順を工夫したりする力の育成について課題があるとの指摘がある。また，社会の変化等に主体的に対応し，よりよい生活や持続可能な社会を構築していくために技術科では，技術の発達を主体的に支え，技術革新を牽引することができるよう，技術を評価・選択・管理と運用・改良・応用することが求められる。

　目標とする資質・能力については，実践的・体験的な活動を通して，生活や社会で利用されている技術の基礎的な理解を図り，それらに係る技能とともに生活や社会の中から技術に関わる問題を見いだして課題を設定しそれを解決する力や，よりよい生活や持続可能な社会の構築に向けて，適切かつ誠実に技術を工夫し創造しようとする態度等を育成することを基本的な考え方とする。

（2）内容・項目・事項

　表 1-1 に技術科の内容・項目・事項を示す。表に示す技術科の学習内容として現代社会で活用されている多様な技術を「A材料と加工の技術」「B生物育成の技術」「Cエネルギー変換の技術」「D情報の技術」の四つに整理し，全ての生徒に履修させることが求められる。なお，各内容を示す順序は，履修学年などを規定するものではなく，従前同様，各内容の履修学年は各学校において適切に定めることとなっているが，従前では内容Bが「エネルギー変換に関する技術」，内容Cが「生物育成に関する技術」と示されていたが，新学習指導要領では小学校における学習との接続を重視する視点から，生物育成の技術に関する内容とエネルギー変換の技術に関する内容の順序を入れ替えている。従前では，内容Bが「エネルギー変換に関する技術」，内容Cが「生物育成に関する技術」と示されているが，新しい学習指導要領では小学校における学習との接続を重視する視点から内容B　とCの順序が入れ替わっている。例えば「Cエネルギー変換の技術」の学習では，電圧・電流・抵抗等の電気に関する基礎的な原理・法則を理解しておくことが望ましい。この点を考慮すると，中学校理科における学習内容との関わりが重要であるため，履修学年については配慮が必要となる。一方「B生物育成の技術」については，小学校の理科学習などで栽培経験もあることから，どの学年においても円滑に学習を進めることができる。

表1-1　技術科の内容・項目・事項

内　容	項　目	事　項
A 材料と加工の技術	(1) 生活や社会を支える材料と加工の技術	ア　材料や加工の特性等の原理・法則と基礎的な技術の仕組み
		イ　技術に込められた問題解決の工夫
	(2) 材料と加工の技術による問題の解決	ア　製作に必要な図，安全・適切な製作，検査・点検など
		イ　問題の発見と課題の設定，成形の方法などの構想と設計の具体化，製作の過程や結果の評価，改善及び修正
	(3) 社会の発展と材料と加工の技術	ア　生活や社会，環境との関わりを踏まえた技術の概念
		イ　技術の評価，選択と管理・運用，改良と応用
B 生物育成の技術	(1) 生活や社会を支える生物育成の技術	ア　生物の成長などの原理・法則と基礎的な技術の仕組み
		イ　技術に込められた問題解決の工夫
	(2) 生物育成の技術による問題の解決	ア　安全・適切な栽培又は飼育，検査など
		イ　問題の発見と課題の設定，育成環境の調節方法の構想と育成計画，栽培又は飼育の過程や結果の評価，改善及び修正
	(3) 社会の発展と生物育成の技術	ア　生活や社会，環境との関わりを踏まえた技術の概念
		イ　技術の評価，選択と管理・運用，改良と応用
C エネルギー変換の技術	(1) 生活や社会を支えるエネルギー変換の技術	ア　電気，運動，熱の特性等の原理・法則と基礎的な技術の仕組み
		イ　技術に込められた問題解決の工夫
	(2) エネルギー変換の技術による問題の解決	ア　安全・適切な製作，実装，点検，調整など
		イ　問題の発見と課題の設定，電気回路や力学的な機構などの構想と設計の具体化，製作の過程や結果の評価，改善及び修正
	(3) 社会の発展とエネルギー変換の技術	ア　生活や社会，環境との関わりを踏まえた技術の概念
		イ　技術の評価，選択と管理・運用，改良と応用
D 情報の技術	(1) 生活や社会を支える情報の技術	ア　情報の表現の特性等の原理・法則と基礎的な技術の仕組み
		イ　技術に込められた問題解決の工夫
	(2) ネットワークを利用した双方向性のあるコンテンツのプログラミングによる問題の解決	ア　情報通信ネットワークの構成，安全に情報を利用するための仕組み，安全・適切な制作，動作の確認，デバッグ等
		イ　問題の発見と課題の設定，メディアを複合する方法などの構想と情報処理の手順の具体化，制作の過程や結果の評価，改善及び修正
	(3) 計測・制御のプログラミングによる問題の解決	ア　計測・制御システムの仕組み，安全・適切な制作，動作の確認，デバッグ等
		イ　問題の発見と課題の設定，計測・制御システムの構想と情報処理の手順の具体化，制作の過程や結果の評価，改善及び修正
	(4) 社会の発展と情報の技術	ア　生活や社会，環境との関わりを踏まえた技術の概念
		イ　技術の評価，選択と管理・運用，改良と応用

このように，小学校における学習内容や他教科の学習内容とのつながりを意識した教科横断的な視点で履修学年を考慮することは必要なことである。

また，各内容の要素は，技術分野の学習過程と対応させるように「生活や社会を支える技術」「技術による問題の解決」「社会の発展と技術」の三つに改善・構成されている。

技術科の履修方法として，第1学年の最初に扱う内容では技術について広く触れることに留意する必要があり，第3学年にて取り上げる内容ではこれまでの学習を踏まえた統合的な問題について扱うことと示されている点に留意する必要がある。これらの留意点について次に詳しく述べていく。

新学習指導要領では，従前の内容Aで項目(1)として特化されているガイダンス的な内容が削除された。しかしこれは，ガイダンス的な内容を取り扱わないということではなく，従前のようにガイダンス的な内容として特化された項目はないが，第1学年で最初に扱う内容〔項目(1)〕において，小学校での学習を踏まえた中学校3年間で学習する技術分野の見通しを立てさせるとともに，生活や社会を支えている様々な技術について関心を持たせるために内容A～Dに示す技術の内容についても指導する必要がある。第1学年の最初に扱う内容は，A～Dのどれでもよいが，最初に学習する項目(1)では，ガイダンス的な内容についても取り扱うということになる。新学習指導要領では，従前よりも短時間で指導できるように「触れること」という表現で示されているが，ガイダンス的な内容の重要性は従前と変わりなく，これを指導することは規定であることから，指導計画に明示した上で確実に取り組む必要がある。

社会で活用されている多くの技術はシステム化されており，様々な技術を結び付けながら，多様化した問題の解決を図ったり，新たな価値を生み出したりすることで技術はさらに発達していく。その技術の発達をよりよい方向に向けていくことは，これからの社会を生き抜くために必要な力の一つであり，その力を身に付けるための資質・能力を育成することが技術科の目標でもある。この分野目標の実現に向け，高等学校における専門学科との関連を踏まえるとともに多くの技術がシステム化されている実態に対応するため，第3学年で取り上げる内容では，他の内容の技術も含めた「統合的な問題」について取り扱うという規定が示されている。

新学習指導要領では，各内容を「生活や社会を支える技術」「技術による問題

の解決」「社会の発展と技術」の三つの要素で構成することとし，各内容の項目
(1)〜(4)が示されている点に留意する必要がある。

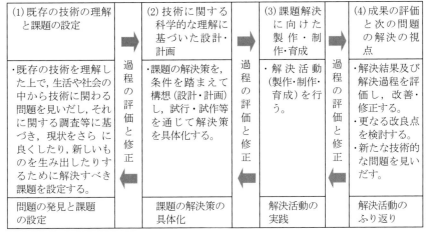

図1-3　学習過程と各内容の三つの要素及び項目の関係

　上の図は，学習過程と各内容の三つの要素及び項目の関係を示したものであ
り，学習過程に対応した各内容の三つの要素及び項目が設定されている。
各内容の三つの要素と項目の関係は次のとおりである。
　（要素1）「生活や社会を支える技術」
　技術に関する原理・法則と技術の基礎的な仕組みを理解させる要素で，内容
A〜D における項目（1）として示されている。指導する際に最も留意する点は，
この学習を通して技術の見方・考え方に気付かせることである。
　（要素2）「技術による問題の解決」
　技術によって問題を解決する力や解決策を構想しようとする態度などを育成
する要素で，内容A〜Cの項目（2），内容Dの項目（2）及び（3）として示されてい
る。ここで留意する点は「生活や社会を支える技術」で気付いた技術の見方・
考え方を働かせることである。
　（要素3）「社会の発展と技術」
　それまでの学びを基に，技術についての概念の理解を深めるとともに，技術
を評価し選択・管理・運用・改良・応用する力と，技術を工夫し創造しようと

する態度を育成する要素で，内容A～Cの項目(3)・内容Dの項目(4)として示されている。また学習過程では，生徒の学習の状況に応じて各段階間を往来させることも意識する必要がある。例えば，設計・計画段階で課題の解決策が構想できないといった場合，課題設定の段階に戻って課題を見直すなど，学習過程は一方向にのみ進むものではない。

（3）技術科における技術の見方・考え方と各内容のねらい

目標の柱書に示した「見方・考え方」には，内容等によって重点の置き方が変わったり異なる視点を用いたりする場合はあるが，基本的には次のように整理できる。

> **「技術の見方・考え方」**
>
> 生活や社会における事象を技術との関わりの視点で捉え，社会からの要求，安全性，環境負荷や経済性などに着目して技術を最適化すること。

技術科の学習過程の中で「技術の見方・考え方」を働かせることが技術分野の学びとなることで，目指す資質・能力が育まれたり，既に身に付けた資質・能力がさらに育成されたりする。それと同時に「技術の見方・考え方」もさらに高まるなど，「技術の見方・考え方」と「資質・能力」は相互に支え合っている関係にあると言える。また，高まった「技術の見方・考え方」は子供たちにとって，今後予測不能な未来の様々な技術に関する問題に対しても働かせることができる。このことから「技術の見方・考え方」は技術科の学びと社会をつなぐものであるとも言える。

2 各内容における指導内容と指導のポイント

（1）「A材料と加工の技術」の指導内容のポイント

① 指導内容

1) 従前で特化していたガイダンス的な内容は削除された。

2) 構想の表示方法は，等角図及び第三角法を取り上げることが示された。

具体的には，構想の表示方法については，生徒が等角図や第三角法を用いて，製作に必要な図をかくことができるように指導する必要がある。

等角図と第三角法を指導する際は，それぞれの特性を考慮する必要がある。

等角図は，製作品全体の形状を表すことに適しており，第三角法は製作品を形作る一つ一つの部品を表すことに適している。同じものを2種類の図法で表すのではなく，全体の形状を等角図を用いて表し，部品の形状を第三角法で表すなど，それぞれの特性を生かして製作に必要な図をかかせることに留意する必要がある。

② 指導のポイント

　材料と加工の「技術の見方・考え方」を働かせた実践的・体験的な活動を展開させること。

【材料と加工の「技術の見方・考え方」】

　生活や社会における事象を，材料と加工の技術との関わりの視点で捉え，社会からの要求，生産から使用・廃棄までの安全性，耐久性，機能性，生産効率，環境への負荷，資源の有限性，経済性などに着目し，材料の組織，成分，特性や，組み合わせる材料の構造，加工の特性にも配慮し，材料の製造方法や，必要な形状・寸法への成形方法等を最適化すること

文部科学省「学習指導要領」から

　項目(1)では，例えば，身の回りにある家具や容器等の加工技術などについて実物を観察したり，開発の経緯などを調べたりする活動を通して，開発者が設計に込めた意図を読み取らせることで，材料と加工の「技術の見方・考え方」に気付かせることが重要である。また，日本の伝統的な技術についても取り上げ，緻密なものづくりの技が日本の伝統や文化を支えてきたことに気付かせることも必要である。項目(2)では，生活や社会の中から問題を見いだし，課題を設定して解決する活動の中で，項目(1)の学習で気付いた材料と加工の「技術の見方・考え方」を働かせることが重要である。その際，授業時数との兼ね合いから，例えば，問題を見いだす範囲を家庭生活に限定するなど，効率的な指導に配慮する必要がある。項目(3)では，項目(1)及び(2)での学習を踏まえて，新しい材料や加工技術などの優れた点や問題点について調べ，今後の生活や社会において，適切な選択や管理・運用の在り方について利用者と開発者の両方の立場から検討させるなどの活動が必要である。

（2）「Ｂ生物育成の技術」の指導内容のポイント

　① 指導内容

　項目(1)については，作物の栽培，動物の飼育・水産生物の栽培のいずれも取り扱うことと示されている。

　具体的には，「(1)については，作物の栽培，動物の飼育及び水産生物の栽培のいずれも扱うこと。」と示されている。これは，あくまで項目(1)に関する規定である。具体的な学習活動例として，身近なスーパーマーケット等で販売されている野菜や肉，魚などの生産過程を調べ，その中で温度や光，水等の育成環境を調節する技術があることや，それらが目的に合わせて環境調整するという点で共通していることを理解させることなどが考えられる。

　② 指導のポイント

　生物育成の「技術の見方・考え方」を働かせた実践的・体験的な活動を展開させること。

【生物育成の「技術の見方・考え方」】

　生活や社会における事象を，生物育成の技術との関わりの視点で捉え，社会からの要求，作物等を育成・消費する際の安全性，生産の仕組み，品質・収量等の効率，環境への負荷，経済性，生命倫理などに着目し，育成する生物の成長，働き，生態の特性にも配慮し，育成環境の調節方法等を最適化すること

文部科学省「学習指導要領」から

　項目(1)については，上記①に記述してあるとおりである。このような学習活動を通して，生物育成の「技術の見方・考え方」に気付かせることが重要である。項目(2)では，生活や社会の中から問題を見いだし，課題を設定して解決する活動の中で，項目(1)の学習で気付いた生物育成の「技術の見方・考え方」を働かせることが重要である。その際，課題については，収穫時期や品質・収量の向上などを目指した気温や光・灌水・施肥などの育成環境の調節方法に限定して解決できるものを設定することに留意する。また，固有の動植物など，地域に既存の生態系に影響を及ぼす可能性のある外来の生物等を取り扱う場合や薬品などを使用する場合は，実習中のみならず学習後の取扱いについても十分に配慮する。項目(3)では，項目(1)及び(2)での学習を踏まえて，新しい生物育

成の技術に対する優れた点や問題点について調べ，今後の生活や社会において適切な選択，管理や運用の在り方について消費者，生産者や開発者の立場から検討させるなどの活動が必要である。また，生物育成の技術や産業の創造，継承と発展，資源やエネルギーの有効利用，自然環境の保全等に貢献していることについても指導する必要がある。

（3）「Ｃエネルギー変換の技術」の指導内容のポイント
① 指導内容
指導内容については，従前と大きな変更点はない。具体的には，指導内容については従前と大きく変更された点はないが，エネルギー変換に関する新しい技術や今後の実用化を目指して取り組まれている技術など，情報を収集する必要がある。
② 指導のポイント
エネルギー変換の「技術の見方・考え方」を働かせた実践的・体験的な活動を展開させること。

【エネルギー変換の「技術の見方・考え方」】

　生活や社会における事象を，エネルギー変換の技術との関わりの視点で捉え，社会からの要求，生産から使用・廃棄までの安全性，出力，変換の効率，環境への負荷や省エネルギー，経済性などに着目し，電気，運動，物質の流れ，熱の特性にも配慮し，エネルギーを変換，伝達する方法等を最適化すること

文部科学省「学習指導要領」から

　項目(1)では，例えば，身の回りの家電製品やシステム，電車，自動車，飛行機，組立てロボットなど，エネルギー変換の技術が用いられた身近な製品について開発の経緯を調べたり，懐中電灯や自転車など生活で使用する簡単な製品を観察したり，分解・組立てたりする活動を通して開発者が設計に込めた意図を読み取らせることで，エネルギー変換の「技術の見方・考え方」に気付かせることが重要である。また，ここでは，保守点検の必要性についても理解させる必要があるが，これは安全面だけではなく機器の性能維持やエネルギーの有効利用という面でも指導することが重要である。項目(2)では，生活や社会の中

から問題を見いだし，課題を設定して解決する活動の中で，項目(1)の学習で気付いたエネルギー変換の「技術の見方・考え方」を働かせることが重要である。課題の解決策を具体的にする際には，繰り返し試行錯誤できる実験装置やICTを活用したシミュレーション等を活用することも考えられる。この学習でLED，太陽光発電パネル，トランジスタ等の半導体素子，コンデンサ等の部品，昇圧回路や各センサ等のモジュールを用いる場合，動作原理についての深入りは避けることを明記されている。項目(3)では，項目(1)及び(2)での学習を踏まえて，新しいエネルギー変換の技術に対する優れた点や問題点について調べ，今後の生活や社会において，新たな改良・応用について利用者と開発者の両方の立場から検討させるなどの活動が必要である。

（4）「D情報の技術」の指導内容のポイント
　① 指導内容
1）従前の情報モラルの指導に，情報セキュリティ及びサイバーセキュリティの重要性に関する内容が追加された。「デジタル作品の設計・制作」が削除され「ネットワークを利用した双方向性のあるコンテンツのプログラミング」が新設された。
2）「プログラムによる計測・制御」に関する内容では，計測・制御システムを構想することが求められている。

　具体的には，情報モラルについては，ルールやマナーの遵守，危険の回避，人権侵害の防止などに加え，著作権を含めた知的財産権の保護や活用及び「風評被害」など，情報を発信する前にその真偽を確認し，曖昧な情報はむやみに拡散することないよう発信者として担うべき責任についても指導する必要がある。また，情報そのものを保護する情報セキュリティに加えて，サイバー空間などの保護・治安維持のための，サイバーセキュリティの重要性についても指導する必要がある。その際，情報の技術は使い方次第で，「ネット依存」などの問題が発生する危険性があることや，コンピュータウィルスやハッキング等，情報の技術の悪用が社会に多大な経済的・精神的な損害を与えていることについても取り上げる必要がある。また，新設された「ネットワークを利用した双方向性のあるコンテンツのプログラミング」について，「学校紹介のWeb ページにQ＆A方式のクイズといった双方向性のあるコンテンツを追加したり，お

互いにコメントなどを送受信できる簡易なチャットを教室内で再現したりする」ことなどが例示されている。さらに「計測・制御のプログラミング」では計測・制御システムの構想が示されている。これについても「灌水などの管理作業を自動的に行う栽培ロボットのモデル」や「生活サポートロボットのモデル」が例示されている。

　② 指導のポイント

　情報の「技術の見方・考え方」を働かせた実践的・体験的な活動を展開させること。

【情報の「技術の見方・考え方」】

　生活や社会における事象を，情報の技術との関わりの視点で捉え，社会からの要求，使用時の安全性，システム，経済性，情報の倫理やセキュリティ等に着目し，情報の表現，記録，計算，通信などの特性にも配慮し，情報のデジタル化や処理の自動化，システム化による処理の方法等を最適化すること

文部科学省「学習指導要領」から

　項目(1)では，例えば，気象情報サイトなどの情報提供サービス・コンビニエンスストアや銀行等の情報処理サービス・ネットワーク対応機能を持つデジタル家庭電化製品などの情報に対する，技術の仕組み，開発の経緯や意図，機能や特徴などを調べたりする活動を通して，開発者が設計に込めた意図を読み取らせることで，情報の「技術の見方・考え方」に気付かせることが重要である。その際，情報のデジタル化やユニバーサルデザイン等の工夫・情報モラルや情報セキュリティ及びサイバーセキュリティの必要性についても理解させることが必要である。項目(2)及び(3)では，生活や社会の中から問題を見いだし，課題を設定して解決する活動の中で，項目(1)の学習で気付いた情報の「技術の見方・考え方」を働かせることが重要である。その際，適切なプログラミング言語を用いて，安全に・適切に・順次・分岐・反復という情報処理の手順や構造を入力し，プログラムの編集及び保存，動作の確認，デバッグ等ができるようにすることが必要である。なお，課題の解決策を構想する際には，自分の考えを整理し，よりよい発想を生み出せるようにアクティビティ図のような統一モデリング言語等を適切に用いることについても指導する必要がある。また，こ

の学習では，プログラムの命令の意味を覚えさせるよりも課題の解決のために処理の手順(アルゴリズム)を考えさせることに重点を置くなど，情報の技術によって課題を解決する力の育成を意識した実習となるよう配慮する。項目(4)では，項目(2)及び(3)での学習を踏まえて，情報の技術に対する優れた点や問題点について調べ，今後の生活や社会において新たな改良，応用について利用者と開発者の両方の立場から検討させるなどの活動が必要である。

第3学年で取り上げる統合的な問題については，具体的に次のような指導内容が考えられる。

例えば「D情報の技術」の項目(3)「計測・制御のプログラミング」を学習するとした場合，まずは計画し，その題材として「自動灌水装置」を構想し，それを動作させるためのプログラムを作成する。プログラムの作成では，気温や土壌水分量などの条件に応じて灌水の時期や灌水量を制御する必要があることから「B生物育成の技術」の学習内容を生かすことができる。また，自動灌水装置の収納容器や灌水箇所の設計・製作までを計画すると，それに適した材料や構造等について「A材料と加工の技術」の学習内容を生かすことができる。このように，第3学年で計画した内容に関連する既習内容を組み入れた「技術による問題の解決」では，これまでの学習を踏まえた統合的な問題について取り扱うようにすることを示している。これらのことを踏まえて，各内容における「技術による問題の解決」において生徒が見いだし解決する問題は，生徒が解決できたという満足感・成就感を味わい，次の学びへと主体的に取り組む態度を育むよう，各内容の履修の順序や配当する授業時数，及び具体的な指導内容などについて，各学校において適切に定めることが大切である。

（原田　信一）

参考文献等

中学校学習指導要領（平成 29 年告示）解説，技術・家庭編，開隆堂出版，2018.3

3　技術分野の指導と評価

（1）はじめに

　文部科学省より告示された学習指導要領の実施において「指導と評価の一体化」が期待されている。

　著者の立場はとしては，生徒の学びを保証するためにエビデンス（根拠）に基づく評価が実行される必要性は一定程度理解しつつも，評価することだけが目的とならないように注意を払うことは重要だと考えている。石井（2018）も「エビデンス重視の現状から，評価をシステム化することで教育的な視点（生徒の学び）が希薄になることには注意したい。」と言及し，教職の専門性を追及する必要があると指摘している。つまり評価することは，あくまでも生徒のより良い学びや成長へ繋がるための手段である。技術分野における教職の専門性については，例えば本著の教材研究を参考にしていただきたい。

　また，学習指導についても同様に生徒のより良い学びや成長に繋げるものである。生徒のより良い学びとは何か，教師はどのように生徒の成長に関われるかなどの本質的な問に対して常に教師自らが取り組むことが，教職の専門性を追及する姿勢となる。

　これまで，教師が主観的に良い学習指導だと思っていたことを実施するだけでは不十分であるというように，学校教育全般においても説明責任の必要性が指摘されている。この説明責任におけるエビデンスの提示が，教育活動一般に求められている状況にある。いずれにしても，指導と評価は，最終的な目的ではなく手段であるということだと考えている。ただし，教師が何を指導して，生徒は何をどのように学んだのかを，目に見える形にしなければ外からは見えないものである。また，見えることで学びや成長を実感することも事実である。

　しかし，主観に偏りすぎず，客観に偏りすぎずと口で言うはやすしである。主観か客観か，目的か手段かなどの二項対立になる場合は，バランスが重要であると回答される場合が多い。そもそもバランスを取ることが難しいのであるが，このような問いに最適解を出すには，状況や場面など様々な条件にもよるものである。現時点での著者の結論は，教師は仕事として学校教育全般の評価を配慮しつつも，教育活動の専門家としての学習指導をより充実させていただきたいと考えている。

指導と評価に関する大枠としては，説明責任を果たすためにエビデンスを提示することの必要性から，学習指導要領の「指導と評価の一本化」が制度化されたと考えている。このような背景も含めて，技術分野の指導と評価について以下に話を進めていく。

（2）指導と評価についての考え方

　学習指導要領の総則を確認すると，まさに様々なことが規定，解説がされている。例えば，「資質・能力」の先天性，後天性について，汎用的能力（言語能力，情報活用能力，問題発見・解決能力）についてなど，主体的・対話的で深い学びの実現に向けたカリキュラム・マネジメントなどの方策や解説が詳しく示されている（文部科学省 2017a）。学習指導要領の趣旨は，各教科の立場では教科の目標及び内容が育成を目指す資質・能力を基盤に整理され，各教科の特性は見方・考え方を働かせると言う具合に，すべての教科が明確に構造化された。

　技術分野の視点からこの総則を見ると，これまでに技術分野で学習指導している技術的課題や創意工夫などに関する内容が多く含まれていることに気がつく。著者としては，技術分野は学校教育の一端を担う役割を十分に果たしており，より技術分野がその教育価値を評価されてもいいのではないかと考えている。また，そのためにも，教育現場の成果をより見える形にしていくことに注力しなければならないと感じている。

　次に，学習指導要領の「指導と評価の一体化」には「逆向き設計」論の考え方が影響しているようである。「逆向き設計」論とは，①「求められている結果を明確にする」，②「承認できる証拠を決定する」，③「学習経験と指導を計画する」という三つの段階を経て，カリキュラムや単元を設計することを主張するものである。教育によって最終的にもたらされる結果から遡って教育を設計する点，また通常は指導が行われた後で考えられがちな評価を先に構想する点から「逆向き」と呼ばれている（西岡 2005）。

　この「逆向き設計」論の①段階で学習指導要領における資質・能力が明確化されたことに対応し，②の段階では「指導と評価の一体化」の「評価」に対するエビデンスを残すための背景となっている。また「求められる結果」とは，学習指導要領総則にも示される資質・能力である「知識及び技能が習得される

ようにすること」「思考力・判断力・表現力等を育成すること」「学びに向かう力・人間性等を涵養すること」の三つである。さらに，「逆向き設計」論の③を教師は準備することになる。もう少し整理すると，「逆向き設計」論の②と③が教師の仕事となり，学習指導の準備段階として，資質・能力を評価するための方法と規準を決定し，指導計画において生徒の学習指導の内容と評価を組み込むことになる。

　制度化された「指導と評価の一体化」の大枠についても，より理解する必要がある。文部科学省(2020a)は，「指導と評価の一体化」のための学習評価に関する参考資料を刊行し，学習評価の基本的な方向性や学習改善・指導改善など全般的な見直しについて解説している。

　評価の大枠としては，生徒が次の学び（主体的・対話的な学び）へ向かうために学習評価が重要であり，その学習評価には，分析的で効率化するために観点別評価・総括的に捉える評定・感性や思いやりなどの人間性など個人内評価の三つがある。また，分析的で効率化された観点別評価を実施するために評価規準の設定が重要であることも記載されている。

　以上のように，指導と評価の背景を考えてきたが，技術分野での評価については，複数の教員と議論する中で観点別評価の方法に難しさを感じていることを見聞きする。そこで，次項では技術分野の観点別評価に着目し，指導と評価の一体化の事例について具体例を挙げながら解説を試みることにする。

（3）技術分野の指導と評価についての考え方

　そもそも，「逆向き設計」論の「設計」にのみ限って言及すると，技術分野に関わる我々は，ものづくりやプロジェクト型の学習を取り入れてきたために設計という枠組みに慣れ親しんでいる。例えば，椅子の設計をすることを，授業を設計することに転用できれば，制約条件下での最適化・具体化・現実化など様々な枠組みの考え方から「逆向き設計」論の考え方を理解することができる。例えば，技術の見方・考え方にある最適化という視点は，ここでも応用が効く。技術の見方・考え方は「生活や社会における事象を，技術との関わりの視点で捉え，社会からの要求，安全性，環境負荷や経済性などに着目して技術を最適化すること。」（文部科学省　2007b）と示されているが，例えば「授業設計における事象を，学習指導との関わりの視点で捉え，社会からの要求，生徒の資質・

能力，教育環境や時間などの制約などに着目して学習指導を最適化すること。」のように読み替えると，様々な要素のバランスの上でより効果を発揮できる組み合わせを考えることもできる。つまり，「逆向き設計」論に対して，技術分野に関わるものは理解がしやすく，授業づくりもやりやすくなったと考えることができる。

　一方で，技術分野特有の課題もある。比較的他教科は，学習指導要領に示された資質・能力と学習内容が対となり，また，学習内容も各学校で異なることは少ない。しかし，学習指導要領の各項目に該当する授業時数と履修学年を各学校が定めることになっている技術分野の場合，学習活動の区切りは，学習評価に関する参考資料に示された「内容のまとまり」の区切りとは異なることや，目標の実現状況の判断が各学校で異なる。つまり，技術分野で紹介される様々な事例は，あくまでも事例であり，各学校・教師や生徒の学習環境や学習歴などをふまえて，各学校の技術分野の教師は自分自身で「指導と評価の一本化」を実現させなければならない。本項でも，事例を示しながら技術分野における「指導と評価の一本化」の確認を進めるが，技術分野を指導する教師は，自分自身の文脈に応じて解釈する必要がある。

　まず，適切な評価を行うためには，「観点別学習状況の評価」の準備を進めておく必要がある。特に，学習指導要領の各項目に該当する授業時数と履修学年を各学校が定めることになっている技術分野の場合，学習活動の区切りは，学習評価に関する参考資料に示された「内容のまとまり」の区切りとは異なることや，目標の実現状況の判断が各学校で異なることが挙げられている（上野・丸山 2020）。そこで，以下の三つの手順を行き来しながら，観点別学習状況の評価を準備することになる。

　①準備として学習評価に関する参考資料に示された「内容のまとまりごとの　　評価基準（例）」を細分化する。
　②授業時数と履修学年を踏まえて題材及び目標を設定する。
　③その目標を達成するための学習活動を具体化し，評価基準を作成する。

　それでは，指導と評価について大枠の内容を理解した上で，技術分野の指導と評価について具体的なカリキュラム案や授業案・観点別評価の評価方法について考えていく。細かな作業は「指導と評価の一体化」のための学習評価に関する参考資料（文部科学省　2020a)に任せ，ここでは，カリキュラム・授業案・

ワークシート・評価基準などを例示しながら，先に指導と評価の準備の結果を示し「指導と評価の一体化」の理解を図る。

　表1-2に示したカリキュラムは，情報の技術（D）の内容で，題材名「スマートスクールを実現させよう」とし17時間の指導計画を作成した結果である。教師は，この指導計画を作成する過程で，学習指導要領に定められた資質・能力や目標を何時間目に設定するか等を含めて，評価規準の作成，授業案の作成，ワークシートの作成などを行うことになる。

表1-2　情報の技術（D）指導計画例

次	時	項目	評価規準	知	思	態
1	1	Society5.0と情報の技術の関わりを考えよう。	○動画を用いて自動精算機に込められた問題解決の工夫に気付くことができる。 ○進んで情報の技術と関わり，主体的に理解し，技能を身に付けようとしている。		○	○
	2〜3	情報セキュリティの必要性を理解しよう。	○情報セキュリティに関わる知識を理解している。	○		
	4〜5	計測・制御システムを理解しよう。	○計測・制御システムの仕組みを理解している。	○		
	6〜7	基礎的な計測・制御プログラムを制作しよう。	○ブロック型プログラミング教材を用いて適切なプログラムの制作，動作確認及びデバック等ができる。	○		
2	8	プログラミング型ブロック教材にあるセンサの機能を整理しよう。	○「温度」「湿度」「人感」「明るさ」「動き」の5つのセンサが活用できることを確認し，家庭においてこれらの変化が活用できる場面のアイディアを広げる学習を通して，解決策を構想しようとしている。		○	○
	9	プログラミング型ブロック教材にあるアクチュエータの機能を整理しよう。	○「モータ」「スピーカ」「電源」「LED」「カメラ」の5つのアクチュエータが活用できることを確認し，これらを活用することによりできることのアイディアを広げる学習を通して，解決策を構想しようとしている。		○	○
	11	家庭における日常生活から問題を見いだし，課題を設定しよう。	○プログラミング型ブロック教材にあるセンサとアクチュエータを活用することで解決できそうな家庭にある課題を見いだして課題を設定できる		○	
	12	家庭における課題を解決するためのIoT製品を考えよう。	○家庭における課題を解決するため計測・制御システムを構想することができる。		○	
	13〜15	家庭内における課題を解決するためのIoT製品の試作品を製作しよう。	○ブロック型プログラミング教材と加工が容易な材料を用いてIoT製品の試作品を製作する。 ○他者と協働して粘り強く物事を前に進めようとしている。		○	○
3	16〜17	持続可能な社会を構築するために必要な情報の技術との向き合い方を考えよう。	○情報の技術に関するトレードオフの関係を理解している。 ○持続可能な社会の実現のために，求められる情報技術を考える。 ○持続可能な社会の構築に向けて，情報の技術を工夫し，創造していこうとしている。	○	○	○

　第1次の1時を例に，評価基準と授業案・ワークシートを示す。この授業では，思考・判断・表現の資質・能力の育成を目指した授業になっている（文部科学省 2020b）。そこで，思考・判断・表現を授業の内容に組み込み「自動精算機に込められた開発者の工夫を読み取り，情報の技術の見方・考え方に気付くことができる」能力と設定している。さらに，評価基準を表1-3に示すように設定している。この授業設計に著者も関わったため，評価の観点から例示している。

　表1-3の判断観点（A）とし「社会問題の解決」「経済性」「情報のデジタル

化のメリット・デメリット」「最適化」「開発者」「ユーザー」の 6 項目がある。
（B）の場合は，それぞれの観点が一視点になるなど，複眼的な視点の減少が
（A）と（B）の差であるという判断になっている。

表 1-3　評価規準の例

	判断する生徒の具体的な姿と手立て
「十分満足できる」状況（A）	自動精算機が，人材不足等の日本の社会問題の解決とともに，経済性等にも着目し，情報のデジタル化のメリット・デメリットにも配慮して，最適化されてきたことについて，開発者だけでなくユーザーの立場を踏まえて記述している。
「おおむね満足できる」状況（B）	自動精算機が，人材不足等の日本の社会問題の解決とともに，経済性等にも着目し，情報のデジタル化のメリット・デメリットにも配慮して，最適化されてきたことについて記述している。
「努力を有する」状況（C）	自動精算機を使用するメリットとともに，デメリットにも着目させた上で，自動精算機は今後普及するかどうか考えさせる。

　これらの観点を評価するために発する発問が「動画から『自動精算機』が開
発された意図を読み取り，『自動精算機』が社会に及ぼす影響を考えよう。」で
ある。これが組み込まれた，ワークシートを図 1-4 に示す。

　さらに，このワークシートを組み込んだ授業案が表 1-4 である。授業の目標
は，「資質・能力を育成するために，情報の技術の見方・考え方に気付くことが
できる。(思考力・判断力・表現力)」としている。全体のカリキュラムは「ス
マートスクールを実現させよう」という題材で指導することとしており，この
授業例は「D情報の技術」の項目(3)「計測・制御のプログラミングによる問題
の解決」において，文脈のつながりを意図したものである。まず「5G が活用さ
れた Society5.0 をイメージできる動画」を見せ，さまざまな社会問題を有する
日本が，それらの解決と経済発展を同時に行うには，Society5.0 を実現させる
必要があることに気付かせる。その上で，具体化されつつある「自動精算機に
関するニュース動画」を見せ，Society5.0 の実現を目指す背景にある社会問題
の一つには，どのようなものがあるのか気付かせ，その社会問題を解決する情
報の技術が，どのような見方・考え方に基づいて開発されてきたのかについて
考えさせることとしている。

　以上のように，カリキュラム・授業案・ワークシート・評価基準などを例示
しながら，先により指導と評価の準備の結果を示し「指導と評価の一体化」の
理解を図るために，「逆向き設計」論的に流れを配置した。これらの流れは，線
的な動きでは無く，必要に応じて評価基準を見直し，カリキュラム全体を見直
すことになる。

学習課題「 Society5.0 におけるプログラミングの役割とは？ 」
組　　番　名前　　　　　　　　　　　　　　．

Society5.0 とは？

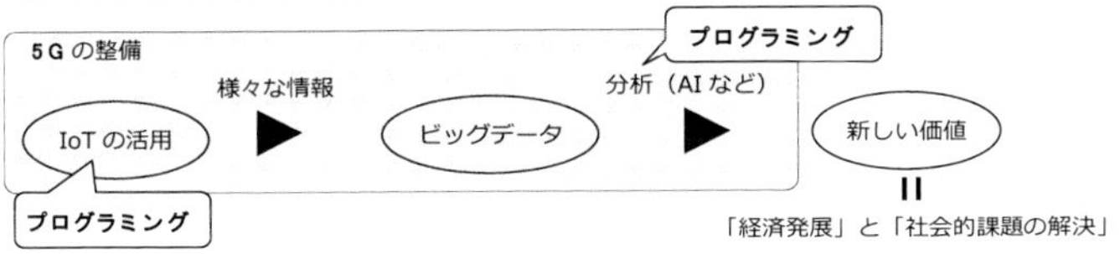

5Gの整備　　　　　　　　　　　　　　　プログラミング

様々な情報　　　　　　　　　分析（AIなど）

IoTの活用　▶　ビッグデータ　▶　新しい価値

プログラミング　　　　　　　　　　　「経済発展」と「社会的課題の解決」

Q.1 日本が抱える社会問題の中で，プログラミングによって解決できそうなものを考えよう。

日本が抱える社会問題	プログラミングを用いた解決方法とその説明

Q.2 動画から「 自動精算機 」が開発された意図を読み取り，「 自動精算機 」が社会に及ぼす影響を考えよう。

振り返り("学んだこと""分かったこと""知識をどう活かしたいか"などを文章で書いて下さい)

図 1-4　評価するための発問が組み込まれたワークシート

表 1-4　授業案例（Society5.0 におけるプログラミングの役割とは？）

(分)	学習活動	指導上の留意事項
導入 (10)	・プログラミングを学習する必要性を考える。 ・日本は，プログラミングを活用し，どのような社会を実現させようとしているのかを考える。 ・日本は，Society5.0の実現を目指していることを知る。 ・本時の課題を確認する。	・小学校へのプログラミング教育の導入を伝える。 ・授業で用いるプログラミングという言葉の意味は，「決められた手順に従い，情報処理を行わせること」だということを伝える。（コーディングを行うことだけがプログラミングでないことを理解させる。）
展開 (33)	・Society5.0がどのような社会なのかを知る。 ・Society5.0という社会の具体像を得る目的で，「5Gが活用されたSociety5.0をイメージできる動画」を見る。 ・この動画を参考に，日本が抱える社会問題の中からプログラミングで解決できそうな解決策を考える。 ・実際の技術者は，どのようなものを開発しているのかについて「自動精算機のニュース動画」を見て考える。	・Society1.0〜4.0は大枠のみを説明する。Society5.0は，定義を中心に説明する。生徒の状況に応じてAIやIoTが何かを説明する。 ・5Gとは何かを説明する。 ・Society5.0が，AIやIoTを活用し，社会問題を解決させることを目指した社会であることに気付かせる。 ・Society5.0を実現させる重要性に気付かせる。社会問題が出ない場合は，少子高齢化が進んだ社会を想像させる。 ・班に1台タブレット端末を配布し，必要に応じて，再度動画を視聴させる。 ・「自動精算機」を開発する目的やメリットとともに，デメリットがないかについても考えさせ，それらをまとめさせる。
まとめ (7)	・次の授業の説明を聞く。 ・本時の授業を通して学んだことや，考えたこと，感じたことなどをワークシートにまとめる。	・実際の社会における問題解決として，スマートスクールの実現に取り組んでいくことを伝える。 ・「楽しかった」などではなく，具体的な表現でまとめることを伝える。

（4）おわりに

　指導と評価に関して著者の考えを，評価全般に関する背景，技術分野における指導及び評価の一体化について話を進めてきた。最後に改めて著者の立場を明示すると，指導と目的は教育の手段であり，生徒のより良い学びとは何か，教師はどのように生徒の成長に関われるかなどの本質的な問いに対して常に教師自ら取り組むことが，教職の専門性を追究する姿勢となると考えている。本著を読まれた読者が「問い」へ向かう手立てになればと期待する。

（岳野　公人）

引用・参考文献

石井英真(2018)，エビデンスに基づく教育を飼い慣らす視座―教育目標と評価の新しい形の構想へ―，日本教育行政学会年報，vol.44，pp205-208.

上野耕史・丸山早苗 (2020)，技術・家庭 中学校技術・家庭科における学習指導と学習評価の工夫改善，特集 中学校の学習指導と学習評価の工夫改善(3)保健体育，技術・家庭，外国語，Vol.69，No.8，pp26-33.

西岡加名恵(2005)，ウィギンズとマクタイによる「逆向き設計」論の意義と課題，カリキュラム研究，vol.14，pp15-29.

文部科学省(2017a)．中学校学習指導要領総則編，
https://www.mext.go.jp/component/a_menu/education/micro_detail/__icsFiles/afieldfile/2019/03/18/1387018_001.pdf，閲覧日 2020/11/16.

文部科学省(2017b)，中学校学習指導要領技術・家庭編，
https://www.mext.go.jp/component/a_menu/education/micro_detail/__icsFiles/afieldfile/2019/03/18/1387018_001.pdf，閲覧日 2020/12/1.

文部科学省(2020a)，国立教育政策研究所教育課程研究センター，「指導と評価の一体化」のための学習評価に関する参考資料.

文部科学省(2020b)，次世代の教育情報化推進事業『中学校技術・家庭科 (技術分野)におけるプログラミング教育推進のための実践事例等に関する調査研究，
https://www.mext.go.jp/content/20200403-mxt_jogai01-000006333_001.pdf，pp16-21，閲覧日 2020/12/7.

第Ⅱ章

技術科における教材とは

第Ⅱ章

技術科における教材とは

　技術科教育は教科創設から現在まで，実践的・体験的学習を中心とした教育活動が授業方法として位置づけられ，全国の中学校で実際に推し進められてきた。この授業方法は，身近な生活や社会の中から技術に関わる問題を見いだし・課題を設定し・その解決策を構想し・問題解決して進める，要は製作題材を中心に展開するプロジェクト法が取り入れられ実践されてきた。技術科におけるプロジェクト法の授業展開において，実践で取り扱う「教材」の文言の意味や使い分けを明確にして，教材の位置づけや題材の選定など，正しい取り扱いや対応が求められる。

　技術科のプロジェクト法が主たる指導法として用いられる理由を，

- 学習の動機づけや意欲を高めるのに適し，完成の喜びをもたせることができること
- 生徒の主体的活動を育成し，問題解決的な学習に適していること
- 生徒の工夫創造する能力や実践しまとめる能力及び評価する能力を育てることができること

として示す。

　従来から，技術科教育では「実践的・体験的な学習活動を通して」という文言が学習指導要領の教科目標に入り，分野目標の文頭にこの文言が用いられている。それは，技術科教育は教室で一斉に教科書や資料集及びワークシートなどで展開する指導法，すなわち，座学だけで学習が成立することはあり得ないということを意味している。したがって，技術科では「材料と加工」や「生物育成」，「エネルギー変換」や「情報」の学習内容において，取り上げる教材の存在及び題材選定の在り方が教育効果に大きな影響を及ぼす。その主たる展開において，技術科教育における教材の在り方が重要で，その位置づけが問われている。

ー第１節ー

教材・教具・題材の定義

1　技術科教育の教材・教具・題材

　一般に「教材」「題材」「教具」の用語が，必ずしも同じ位置づけで使用されていない状況が見られる。これまでの，技術科教育の歴史や指導資料などにおける解釈から，教材等に関する統一した用語の使い分けを提案する。

　技術科では「教材」という文言を広義の意味で用いる場合，教科や分野の目標を達成するために何時間もかけて製作や実践する学習内容そのものの「題材」と，教授過程でその効果をあげるために補助として用いる「教材」「教具」のすべてを含んだ内容とを包含する。「教材」という文言を狭義で用いると，教授過程でその効果をあげるための材料を意味する。そして，「教材」「教具」の両方の内容を含み技術科教育で用いるものを「教材教具」と呼び，どの教科でも用いる教科書や教育機器を「一般的教具」として分類する。ただし「一般的教具」でも，その内容，例えば教科書やワークブックの学習内容は，広義で用いると「教材」の意味を含んでいる。したがって，本書で用いる「教材」の意味は，広義の「教材」であり，「題材」「教材教具」「一般的教具」を含んだ内容として位置づけている。そして，「題材」とは「学習内容が組織されたものであり，その学習を通して目標達成ができるもの」と位置づけて使用する。

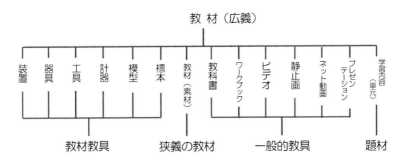

図 2-1　技術科における分類

2 技術科教育の題材選定の視点

　技術科における「題材」とは，教科や分野の目標の実現を目指して，指導内容を指導単位として組織したものである。「題材選定」にあたっては，指導内容の各項目とその事項との関連を見極め，相互に有機的な関連を図り，系統的及び総合的に学習が展開されるよう配慮することが重要で，生徒や学校・地域の実態等を考慮して，実践的・体験的な活動を中心とした設定が求められる。

○小学校の家庭科及び図画工作科等と，中学校の他教科等とが関連を図り，高等学校における学習を見据えて，基礎的・基本的な内容を押さえたもの。

○生徒の発達段階に応じた興味・関心を高めるとともに，主体的な学習活動や個性を生かすことができるもの。

○生徒の身近な生活との関わりや社会とのつながりを重視し，生活向上と家庭や地域社会の実践に結び付けるもの。

○持続可能な開発のための教育を推進し，関係する教科等の特質を踏まえて連携を図ることができるもの。

以上の視点で「題材選定」をまとめると，図2-2のように示される。

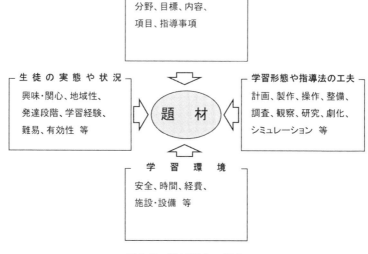

図2-2　題材選定の視点

3　技術科担当教師と生徒が求める題材選定

（1）技術科担当教師が求める題材

　技術科教育を展開するにあたって，学習する題材選定に時間をかけることは重要である。それほど，教科や分野の目標達成や内容の深まりを求めるには題材内容の影響が大きく，選定した題材によって授業成立の可否が決まるとまで言われている。

　過去において，全国の中学校技術科担当教師を対象に（1996.2〜3，無作為抽出で郵送，128校147名，自由記述回答），題材の選定理由と良い題材に求められるものについてアンケート調査した。

　その結果「題材の選定理由」については「生活に活かせる実用性があること（33名）」「生徒が興味・関心を持てること（28名）」「安価で費用が適切であること（26名）」が挙げられた。選定理由として，実用性・生徒の興味や関心・費用・製作時間・作りやすさ・施設や設備にあったものなどが述べられた。

　また「良い題材に求められるもの」については「創意工夫が発揮できるもの（43名）」「生活に活かせる実用性があるもの（39名）」が多く，創意工夫・実用性・基礎や基本内容・作りたい意欲がわく・完成する喜び・アイデアや発想を引き出すなどの回答理由が述べられた。

　以上により，技術科担当教師の題材選定には，指導上の状況や環境が加味され，良い題材と位置づけるのに生徒主体の学びが可能な要素を求めていたことがわかる。

（2）生徒が考える題材の要素

　技術科の教授過程は，教師を中心としたプロジェクト法の指導が実施され題材選定は担当教師が決めてきた。しかし，実際に題材を製作するのは生徒であって，学習者の視点で題材選定をすることも必要と考えた。

　過去において，中学3年生を対象に「技術科で学習する題材に求める要素」について調査し，因子分析した結果，「自己内発」「生活応用」「自己構想」及び「技能」の4因子が抽出された[2]。

○「自己内発」因子・・・「製作を通してやりがいや満足感をもつ」「作品を必ず完成する」など生徒の意欲的な状況を示す。これは，生徒が題材の製作に楽

しさややりがいなどを感じ，興味・関心を持つことができる活動状況である。
○「生活応用」因子・・・題材を通して「資源や環境問題を学ぶ」「生活すること
　に自信を持つ」など，日常生活に応用・発展できる要素を含んでいる。これは，
　題材が生活に利用できる応用や発展性を包含している状況である。
○「自己構想」因子・・・「作品のデザインを考える」「アイデアを発揮する」な
　ど，題材と個々の生徒との関わりについてである。これは，生徒が個性を発
　揮し工夫創造して課題解決する活動状況である。
○「技能」因子・・・「工具・機械を使用する」「ていねいに作業する」など，題材
　の製作に関する技能についてである。これは，実習で使用する工具・機械の認
　知とその使用についての活動状況である。
　題材に求める要素の4因子を観点別学習状況評価の観点と比較すると，「自
己内発」は「主体的に学習に取り組む態度」であり，「生活応用」「自己構想」
は「思考・判断・表現」に，そして「技能」は「知識・技能」に関連する。題材
要素の4因子のうち2因子が「思考・判断・表現」に関連し，新学習指導要領で
重視された観点と適合している。そして，観点別学習状況評価の3つの観点が
すべて，抽出された因子の内容に含まれている。したがって，生徒が考える題
材の要素は，学習指導要領の評価の趣旨と合致していると推察される。

（3）カリキュラム・マネジメントに求められる題材選定

　技術科担当教師は題材選定の理由として「指導上の状況や環境」を求め，良
い題材として「生徒主体の学びが可能な要素」を挙げた。生徒が求める題材要
素「自己内発」「生活応用」「自己構想」「技能」の4因子は，観点別学習状況の
3観点に，すなわち学校教育法が示すの学力の3要素に通じるものである。技
術科担当教師と生徒の求める題材要素は，立場や視点の違いはあるものの，教
授側と学習側のみの違いであって同様の価値意識が確認できた。このように，
生徒が求める題材の要素を，カリキュラムを作成する立場にいる教師が理解し，
その要素を取り入れてマネジメントして題材選定をすることは意義がある。

（安東　茂樹）

参考文献

1)中学校技術科における教師の題材選定に関する調査研究,日本教材学会年報　第8巻,pp.34-36,1997.3
2)技術科教育における題材の要素と分類に関する調査研究,日本産業技術教育学会誌Vol.42No.1,pp.37-42,2000.4

－第2節－

問題発見と課題設定の教材化

1　インストラクショナルデザインを活用した技術科の授業設計

（1）ADDIE モデルと ARCS モデルによる授業設計

　インストラクショナルデザイン（Instructional Design, 以下, ID）は, 学びの効果・効率・魅力の向上をめざした教育手法の総称である。この研究の歴史は古く 1940 年代にアメリカではじまり教育工学分野での研究が盛んである。ロバート・M・ガニェの「ADDIE モデル[1]」は, 教育や教材の設計プロセスの手順を「分析－設計－開発－実践－評価」で示している（図 2-3 参照）。

　このモデルは, システム的な手続きである PDCA サイクルを ID 理論に当てはめたものであり, 指導者が授業設計において, 今, 自分が何をしているのか, どこに問題があるのか迷ったときに, このプロセスを振り返って活動全体を見直すことができる。

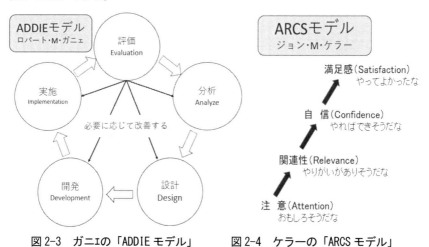

図 2-3　ガニェの「ADDIE モデル」　　図 2-4　ケラーの「ARCS モデル」

　一方, 図 2-4 に示す, ジョン・M・ケラーの「ARCS モデル[1]」は, 授業や教材のアイデアを整理するフレームを「注意→関連性→自信→満足感」で示している。

この4つの側面は，学習意欲を刺激し，学習意欲を持続させる動機づけの手法としても知られている。動機づけは，学習者に「おもしろそうだな」という注意が喚起され，その感覚が持続される必要がある。その後，学習の目的や内容を知り，何かの目的を達成するために「やりがいがありそうだな」という関連性を感じることと学習者自身の気づきが重要である。その後，ある程度の学習が進み目標達成の兆しが見通せることで「やればできそうだな」という自信を持つ。最終的に，努力した結果が予測した結果や期待した成果に結びつくことにより「やってよかったな」という満足感を感じることになる。ID理論のADDIEモデルやARCSモデルによる授業設計は，製作や実験・実習の過程が多い技術科の単元設計に適した理論といえる。

（2）魅力的な授業を提供するための授業設計

　教員は，学習者に対してもっと学びたいという学習意欲を喚起して達成感を実感させることができれば，魅力的な授業といえるのではないだろうか。ロバート・M・ガニエは，図2-5に示すように，教育目的を達成するための効果的な教員による働きかけを「9教授事象」[2]で分類した。ガニエは，与えるだけの講義形式の授業ではなく，学習者の視点で既有知識などと関連づけることの重要さや失敗を学ぶ場としての練習，それら学習のフィードバックや評価によって学習の成果を試していく授業プロセスの重要性を唱えている。

　技術科は，ものづくりを通して創造力を育む過程で，工具を使用する実技も含まれ，単元も比較的長い時間を要する。そのため学習意欲の持続性が求められるので，図2-5に示した「学習意欲を引き出す授業技術[2]」も参考にしてほしい。

		学習意欲を引き出す事例
導　入	1. 学習者の注意を喚起する 2. 学習目標を知らせる 3. 前提条件を確認する	・目標を明確にする
展　開	4. 新しい事項を提示する 5. 学習の指針を与える 6. 練習の機会を設ける 7. フィードバックをする	・好奇心を喚起する ・楽しい体験をさせる ・自信を持たせる
まとめ	8. 学習の成果を評価する 9. 学習の保持と転移を促す	・不満のない学習環境をつくる ・学習を自分でコントロールさせる

図2-5　「ガニエの9教授事象」（左図）と学習意欲を引き出す事例（右図）

2　技術科教育とチームワークに関する教材

（1）チームビルディング

　技術・家庭科（技術分野）の教科書のガイダンスには，「生活や社会における技術の役割に気づき，その役割を知ること」が示され，先人が残した伝統的な技術から最新のテクノロジー，さらには社会における協働活動を推進する内容が掲載[3]されている。企業などの組織に所属する技術者は，プロジェクトを達成するためにチームを組み協働している。辞書では，グループ（Group）とは「人々の集まり，集団，仲間」，チーム（Team）は「共同で仕事をする人々の集まり，競技で戦い合う組」と明記されている。学校教育における部活動や体育祭などの学校行事ではチームとしての活動も見受けられるが，教科においても協働的なチーム活動を意識した学習を促進していくべきではないだろうか。

　次に紹介する「ペーパー・タワーの製作」は，チームビルディング（Team Building）の単元として特許庁が出版した「授業ガイドブック[4]」に掲載された事例である。この単元は，用紙を組み合わせて塔を建立するゲーム感覚の学習活動であるが，技術の見方・考え方を働かせることが可能な教材である。たとえば，建築物に利用されているトラス（三角）構造やラーメン（四角）構造・金属板の折り曲げ加工など，紙を活用した教材であるが工学的な理論が関連しており，思考・判断力を育める教材である。

（2）「ペーパー・タワーの製作」の教材

　筆者らは，工業高校において，先に示した ADDIE や ARCS モデルを活用したペーパー・タワーの製作実践を報告[5]した。この実践では，単に紙で塔を作るのではなく，目標を共有する事・ブレインストーミングを用いてアイデアを出し合う事により，生徒同士の協調性や相互理解を深めることができた。以下に授業の手順と展開ならびに競技上のルールを，活動の様子を図 2-6 に示す。

　◆授業の手順と展開
・目標は「協力して，できるだけ高いタワーを作る」とする。
・ワークシートに個人のアイデアを記入する。
・4〜6 人程度のチーム（班）を作る。
・1 チームにつき 30 枚の A4 用紙を配布する。
・作戦タイム（10 分間）の話し合い時間を与えアイデアを出し合う。

・作戦タイムで1チーム1枚の用紙を配布して折り方などを全員で考える。

◆競技上のルール

・紙を切る，折るのみ許可。糊や刃物などの文具は一切使えない。

・競技として実施するため，組み立て時間は5分間とする。

・組み立て終了後，全員がタワーから手を離して10秒カウントする。

・判定としての高さを計測するが，計測中も塔は自立していること。

・PDCAサイクルを回して結果発表後チームで振り返りを行う。

　　※高さの数値目標を決めたか？チーム内で役割分担をしたか？など。

・振り返りに基づいて，さらなる目標を定め2回目を実施する。

・2回目の競技終了後，工夫したことや反省点を省察し発表させる。

図2-6　ペーパー・タワーの製作：部品の考案（左）・競技の様子（右）

3　問題発見と課題設定の教材

（1）問題解決型学習で大切なガバナンスとイノベーションの概念

　技術科教育の中核的な学術団体である日本産業技術教育学会は，価値と未来の創造を支える学力・能力として，技術ガバナンスと技術イノベーション[6]を取り上げている。以下にこれらの概要を「ものづくり学習における技術的な課題解決の流れの概要」として図2-7に示す。上記の学術団体では，技術ガバナンスを「立場の違いや利害関係を有する人たちがお互いに協働し，問題解決のための討議を主体的に参画し，意思決定に関するシステム」と示している。一方，技術イノベーションは「科学の発見や技術の発明による新たな知的・文化的価値を創造すること，それらの知識を発展させて，経済的・社会的・公共的価値の創造に結び付ける革新」と定義している。

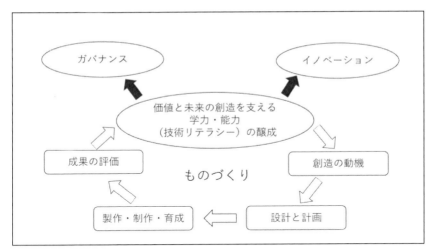

図2-7　「ものづくり学習における技術的な課題解決の流れの概要[6)]」

　技術的素養（技術リテラシー）を醸成するためには，新たな価値を生み出す創造の動機が必要となる。動機のきっかけは，身近な日常生活における不便さなどの問題を見つめることが課題設定に結びつく。次に，具体策を可視化するためには，設計・試作と製作計画を練る必要がある。試作には，段ボールやポリウレタン材料で製作する。また，作品の完成後は，自己評価や相互評価を行い多様な考えを共有することで自己省察や今後の改善に活かすことが望ましい。

（2）「家族のエンジニアになろう！」による問題発見と課題設定

　生徒たちが暮らす社会や家庭に目を伸ばせば問題が発見できる。たとえば，公園のベンチが壊れていて危険・集合住宅のごみ収集所のごみが散乱・駅の駐輪場に自転車があふれて市民の歩行を妨げているなどである。

　学習指導要領（技術分野）の目標には，問題発見や課題設定について「生活や社会の中から技術に関わる問題を見いだして課題を設定し，解決策を構想し，製図等に表現し，試作等を通じて具体化し，実践を評価・改善するなど，課題を解決する力を養う[7)]」と示されている。さらに「よりよい生活の実現や持続可能な社会の構築に向けて，適切かつ誠実に技術を工夫し創造しようとする実践的な態度を養う[7)]」と明記されている。そこで筆者らは，問題解決型学習のテーマ設定の一例として「家族のエンジニアになろう！」を提案し報告[8)]した。

生徒が主体的に思考を働かせるためには，兄弟姉妹や祖父母・両親や保護者などが抱えている身近な問題発見をきっかけとした課題設定が想定しやすい。たとえば「姉のエンジニアになろう！」の問題発見として「姉は慌ただしい出勤前の朝，スマホや時計・アクセサリを探し求めている日が多い」となった。そこで，課題を「姉の携行品は，いつも散乱して探すのに苦労しているので，その問題を解決したい」と設定して，その課題を材料加

図2-8　「姉のエンジニアになろう！」

工の領域で製作して問題解決した作品例が図2-8である。

（3）技術の見方・考え方を働かせる技術科教具の教材化

　技術科の4領域（材料と加工，生物育成，エネルギー変換，情報の技術）の教材設定において，安全・安心な暮らしを営む，生活をより豊かにするという考え方は指導上の重要な概念である。図2-9は，一般的なスツールである。

　スツールは椅子（チェア）とは違い，座る以外の用途を含めた利用を目的に設計されている。一番右側のスツールは技術室に配備されているものである。このスツールの特徴としては，縦・横の選択設置により作業に適した高さが設定でき，並べると作業台にもなる。また，穴あけ加工のための丸穴や木口削り台としての機能性も配備されている。以上の様に，技術室にある既存の製品に注目することも，技術の見方・考え方を働かせるきっかけとなる。

図2-9　さまざまな場面で利用されているスツール

　技術分野の教科書[3] に示された「SPIRAL スタッキングスツール[9]」は，開発者である野木村氏の工夫点や製作への思いが掲載されている。シンプルでありながらも社会からの要求を満たすとともに，さまざまな場面に対応できるアイデアが熟考されている。新製品の検討ではトレードオフ（trade-off）の問題も生じる。トレードオフとは，一方を追求すると他方が犠牲になり両立しえない関係性である。図 2-10 にディメンションラバー材（DL 材)を活用した，SPIRAL スタッキングスツールのミニチュア版作品例を示したが，構想を具体化するには，3つの側面から制約条件を検討し問題解決の視点を考えてほしい。
・環境的な側面（製作から廃棄までを想定した資源の有限性と環境への負荷）
・経済的な側面（製作費用，汎用的な規格材の活用による経費削減）
・社会的な側面（一般社会から要求される，安全性，耐久性，機能性など）

図 2-10　DL 材を活用した SPIRAL スタッキングスツールの作品例

（4）「試作」の過程を加えた DL 材の教材化

　大谷らの「今求められている「設計」の指導と展開」の報告[10] では，DL 材を活用した教材観を示している。DL 材とは，2×4（ツーバイフォ）や 4×4 をはじめとする規格材で，ホームセンターで手軽に入手できる木材である。学習指導要領では，これまでの設計から製作の流れに加え「試作等を通じて具体化し，実践を評価・改善するなど，課題を解決する力を養う」と試作の考え[7] が示されている。しかしながら技術科に与えられた指導時間は，これまでと変わらず 1 年生では年間 35 時間であり，何らかの作業期間を短縮または簡略する必要がある。DL 材をのこぎりで切断する場合，基本的に横引きだけで済み，時間

を要する縦引き作業がないので製作時間の大幅な短縮が図れる。一方，別の視点では，身近で安価に購入できる簡易 DL 材の利用や試作キット[11] の教材選択は，経済性など社会からの要求の側面とも関連する。

　物品の市販化は，消費者のニーズを把握してからさまざまな視点で分析する必要がある。図 2-11 の左側の製作品は，飾り台・踏み台である。製作のテーマ設定では「幼少の妹が台所でお手伝いする際に，キッチン台が高く最適な姿勢で作業が行えない」という問題発見による課題解決の作品例である。一方，右側も同じ製作品であるが，見方・考え方の視点を変えれば整理棚となりうる。このように，試作過程を通すことで，同じ作品でも使用目的により汎用性のある製作品となることに気づき，改良や応用について考えることができる。

図 2-11　置き方で変化する簡易 DL 材の作品例と試作キット作品例

4　最新テクノロジーや SDGs の概念を取り入れた学習内容

　SDGs（Sustainable Development Goals）とは，持続可能な開発目標である。2001 年に策定されたミレニアム開発目標（MDGs）の後継として，2015 年の国際連合サミットで採択され，2030 年までに持続可能でよりよい世界を目指すために掲げられた国際目標である。これは，図 2-12 に示すように 17 の目標ならびに 169 のターゲットから構成され，地球上に「誰一人取り残さない（leave no one behind)」ことが誓われており，未来に向けて地球上で暮らすあらゆる人たちがより幸せに生活していけるように世界中の国々が約束した目標である。

　技術科の領域と SDGs の 17 目標との関係性がイメージしやすい内容を紹介すると「7 : エネルギーをみんなに，そしてクリーンに」「8 : 産業と技術確認の基

盤をつくろう」「11，住み続
けられるまちづくりを」
「12：つくる責任，つかう責
任」「13：気候変動に具体的
な対策を」「14：海の豊かさ
を守ろう」「15：陸の豊かさ
も守ろう」などが考えられ
る。
　エネルギー変換の領域
は，回路の設計や震災ラジ
オの製作実習で太陽光発電

図 2-12　SDGs のロゴ・アイコン [12]

の仕組みを学習する。この単元に SDGs の「7：エネルギーをみんなに，そして
クリーンに」を加えた考え方を次に示す。企業は Web サイトに最新のテクノロ
ジーを製品化した商品を配信しているが，たとえばイーロンマスク氏が運営す
るテスラー社の Web を見ると，家屋に設置されたソーラールーフが紹介 [13] され
ている。一般的な住宅用ソーラーパネルと比較するとデザインが全く違い周囲
の景観に溶け込んでいる家屋に気付くことができる。次に，EC（Electronic
Commerce）ビジネスと呼ばれる電子商取引に焦点を当ててみる。ネット上で手
軽に品物を売り買いできるメルカリやヤフオクは，使わなくなったものを中古
品・リユース品として売却することを想定している。よく売れている商品は，
定評のあるブランド品が多い。環境と経済が両立した循環型社会を形成してい
くための 3R は，リデュース，リユース，リサイクルの順番で取り組むことが求
められており，SDGs の「12：つくる責任，つかう責任」が関連している。
　新たな時代の幕開けとなる Society5.0 で実現する未来社会は，AI（人工知
能）や IoT（モノのインターネット）の進展によって産業革命に匹敵する変革
を実現しようとする政府の提言 [14] である。Society5.0 の世界は，人間をとりま
く環境がさらに大きな変化をみせ不透明な時代になるとも言われている。この
ような時代を生き抜く現在の子ども達に，どんな単元や教材を提供していくの
か，これから技術科教育としての力量が試されるのではないだろうか。

（藤本　光司）

参考文献

1) 鈴木克明，市川尚，根本淳子，「インストラクショナルデザインの道具箱101」，北大路書房，pp. 10, 116（2016）

2) 林徳治，藤本光司 若杉祥太編著，『アクティブラーニングに導く 教学改善のすすめ』，ぎょうせい，pp55, 78（2020）

3) 開隆堂出版株式会社，『技術・家庭科（技術分野）』，pp1-19, 25（2020）

4) 内藤善文，他，『新しいモノ・コトを楽しく創る知的創造教育 未来を創る授業ガイド 小・中・高校対応』，「高等学校1年生工業技術基礎：高いタワーを作ろう」，特許庁，pp234-239（2018）

5) 堀木実，藤本光司，他8名，「工業高校におけるコミュニケーション演習と能動的学習 －「創造基礎」を通した5年間の軌跡と生徒の変容 －」，情報コミュニケーション学会 第13回全国大会発表論文集，pp32-33（2016）

6) 日本産業技術教育学会・技術教育分科会，『技術科教育概論』，九州大学出版会，pp49-54, 140（2018）

7) 文部科学省，「中学校学習指導要領（平成29年告示）解説，技術・家庭科編」，開隆堂出版社，pp18, 21（2018）

8) 北村絵梨加，藤本光司，他3名，「教職科目におけるインストラクショナルデザインを用いたアクティブラーニングの展開（3）― 中学校技術科教育における「主体的・対話的で深い学び」を実現するための授業モデルの検討 ―」，情報コミュニケーション学会 第15回全国大会発表論文集，pp148-149（2018）

9) 野木村敦史，「SPIRAL スタッキングスツール」2021，有限会社志岐製作所 https://simms.jp/stool/spiral-pop/ （2021）

10) 大谷忠，他，「今求められている「設計」の指導と展開 ~DL材を使った「材料と加工に関する技術」の授業提案~」，開隆堂出版，pp1-16（2015）

11) トップマン教材カタログ，p23，Yamazaki教材カタログ，p36，（2020）

12) 国際連合広報センター，「SDGsのポスター・ロゴ・アイコンおよびガイドライン」，https://www.unic.or.jp/ （2021）

13) TESLA，「屋根を交換してクリーンエネルギーを発電，美観を妥協しないソーラー」，https://www.tesla.com/ja_jp/solarroof （2021）

14) 内閣府，「Society 5.0 - 科学技術政策 - 内閣府，Society 5.0で実現する社会」，https://www8.cao.go.jp/cstp/society5_0/ （2021）

第Ⅲ章

教材開発の視点

第Ⅲ章

教材開発の視点

　教材は，授業の中で生徒と教育内容をつなぐものである。教育目標を実現させるためには，教科の内容や指導事項及び生徒の実態に即した適切な教材を選択することが求められる。教師にとって教材は必要不可欠なものであり，教材の研究は授業研究の中でも最も重要な研究分野の一つといえよう。

　その中でも「教材開発」は，目の前に存在する生徒の実態に即した効果的でダイナミックな実践研究であるため，プロジェクト法[1] を基軸とする技術科においては欠くことのできない研究分野である。

　本章では，一般的な教材開発についての知見を整理する。そして，それらの知見と技術科の特質を考慮し，技術科における教材開発の視点を示す。

ー第1節ー

教材開発とは

　教材開発とは，広義の教材（教材，教具，題材等を含めた学習材）[2] において，教師自らが生徒の実態に即した教材を開発することである。一方，教材は種々・多様・多数のものが市販されている。多忙な教育現場では，時間や労力をかけて自作の教材を作成するより，市販教材の中から適切なものを選定すれば教育効果の高い実践は十分に可能であるという考え方もある。しかし，より高い教育効果を得るためには，指導者自らが教材開発を行う必要性があると唱える実践者や研究者は多い[3][4]。

　とは言うものの「自作なら何でも良い」という訳ではない。教材を開発するためには，教材に求められる基本的な要素を理解する必要がある。本節では，一般的な教材開発についての知見から教材開発の意義や開発の視点を示す。

1　良い教材の条件

　自作の教材であれ市販の教材であれ，良い教材には種々の条件があるはずである。よい教材の条件は多くの文献等で様々な角度から論じられている。ここでは複数の文献及び筆者の実践経験をもとに，よい教材の条件について考える。

（1）おもしろくて興味深い

　生徒の内発的動機付けを高めるためには，学習内容に対する関心・意欲を喚起させることが必要である。芦葉[5]は，教材教具によって児童を学習に引き込む条件として，その筆頭に「おもしろさ」をあげている。教材がおもしろければ生徒は学習内容に関心を示し，学習意欲が喚起される。志水[6]は「よい教材とは，知的好奇心を起こさせ，知的探究心を導くような教材である」と述べている。つまり，教材に求められる「おもしろさ」とは，学習内容に関わる知的な好奇心であり，それらに関わる探究心へと導くものと考えられる。

　しかし，いくらおもしろくても，お笑い番組のような「おかしさ」は知的好奇心ではなく娯楽的な関心である。適切な関心・意欲を喚起させることは難しい。一方，生徒指導困難校や学力低位校などの授業成立が難しい学校では，生徒の気持ちを授業者側に引きつけるため，一時的に娯楽的な要素を教材に取り入れる場合もある。筆者も中学校教員時代に「手品」「歌や楽器」「テレビドラマ」「コント」などを取り入れた導入教材を用い，生徒を授業に引きつける効果を体感している。いくら学術的に価値があっても生徒の動機付けを喚起できなければ授業が硬直するため，生徒の状況に応じて娯楽的な要素を取り入れることには一定の意味があると考えている。ただし，その「おもしろさ」の本質的な部分が学習内容から遠く，知的好奇心を喚起できない内容であれば，いくら楽しくてもより高い教育効果は望めない。娯楽的な要素を取り入れる場合は，そのことを理解しつつ，あくまで補足的なものであるように留意すべきである。

　水口は[7]「学習は自発なしには成立しない」と述べている。学習は教師の一方的な教示で成立するものではなく，生徒自らの意思で習得するものである。櫛田は[8][9]「興味の喚起は，生徒の自発性を発動させ，やる気を引き出す基本的要素」とし，「目的を見つけ，それを克服しようとする達成動機は，成就感や満足感につながる出発点」と述べている。興味の喚起が自発性にとどまらず，後の成就感にまでつながるというのであれば「おもしろさ」は教材にとって欠く

ことができない要素となる。

　これらのことから「おもしろくて興味深い」という要素は，良い教材の筆頭条件であると考える。

（2）わかりやすい

　教材は学習内容と生徒をつなぐ媒体である。教材は，生徒の理解を助けるべきものであるため，当然のことながら教材には「わかりやすさ」が求められる。しかし「わかりやすい教材」＝「容易な教材」ではない。クラスの誰もが容易に正解へと導けるような学習材や，何の試行錯誤もなく容易に組み立てられるような製作題材を「わかりやすい教材」とは言わない。わかりやすいというのは，たとえば「理解の困難な内容を，生徒が理解できる構造に紐解いて説明できる教材」「実態としてイメージしにくい対象物を視覚的・体感的に理解できる教材」あるいはその逆に「具体事象を抽象化・一般化できる教材」などが考えられる。また，学習の目的が思考力や判断力を身に付けさせるというものであれば，生徒が躓く要素を意図的に取り入れる場合もある。教材に躓きと適切な支援を取り入れることにより，最終的に思考力や判断力を身に付けさせる事ができれば，それは目指す能力を適切に身に付けさせることができる「わかりやすい教材」と言えよう。「わかりやすい教材」とは内容が容易なのではなく，「内容を理解させやすい」[10] 教材のことであり「最終的に目標に導くことが容易な教材」であると考える。

（3）生徒の実態に即している

　前段の「おもしろくて興味深い」「わかりやすい」という条件が揃えば，媒体としての必要条件はクリアしている。しかし，ここからさらに必要なのは「その教材が現在直面する生徒の実態に即しているか」という要素である。生徒の実態とは，生徒の学習の到達度・生徒指導上の状況・学校の立地条件や設備・地域の産業や伝統文化・その他を含む生徒の取り巻く状況全てである。たとえば，市販の教材で一般的に「良い教材」とされているものでも，実践する生徒の習熟度によっては簡単すぎたり，難しすぎたりすることがある。また，生徒指導上の状況により，教材の使用に工夫が求められる場合がある。たとえば，協同学習を取り入れた教材を使用する場合，実践するクラスの人間関係に配慮しなければならない。協同学習はクラスの人間関係が良好な場合に成立する。

もしくは，良好状態ではなくとも，協同学習によって学力と人間関係が相乗的に向上する見込みがある場合に成立するものである。しかし，生徒同士の関係が険悪で深刻な生徒間トラブルを抱える学級，いじめが解決していない学級，教師の指導が入りにくい学級では協同学習によって過酷な状況に陥る生徒が出現することもありうる。つまり，一般的に効果的とされる教材でも，生徒の実態に即していなければ十分な効果を発揮することはできないのである。

　次に，学習問題や学習資料を提示する場合，地域や生活に根ざした身近な事象を取り上げることにより親近感が得られ「おもしろくて興味深い」「わかりやすい」という効果をより補強することができると考えられる。たとえば，建造物の構造について教材を用いて説明したいとする。そして，生徒の住む地域には有名な建造物があり，多くの生徒がその建造物に誇りや親近感をもっているとする。その場合，同じように構造が説明できるのであれば，見たことも聞いたこともない建造物を教材に用いるよりも，その地域の建造物を教材に用いる方がはるかに効果的である。

　その他，良い教材の条件として「仕上がりの美しさ」「文字の見やすさ」「デザインの巧みさ」など外見に関する視点や「操作性がよい」「耐久性がある」「持ち運びしやすい」など利便性に関する視点も存在する。良い教材の条件は，実践者や研究者において様々な側面から述べられている。教材の良し悪しについては一面的な視点だけで判断せず，あらゆる角度から検討してほしい。本質的な条件としては，本項で述べた(1)〜(3)の視点に概ね包括されると考える。

2　教材開発の視点

　前項では，市販・自作によらずに一般的な良い教材の条件を述べた。市販の教材の中から自校に適した教材を選ぶ場合は，前項の「良い教材の条件」に即しているか否かで概ね判断できる。しかし，教材を開発する場合は教材化に対する根本的な理解と，開発へのアプローチを含めた教材開発のありかたを理解する必要がある。ここでは教材開発のありかたを「適切な具体化」「ねらいの明確化」「適切なアプローチ」の3点から論じ，教材開発の視点について考える。

（1）内容を具体化する

　教科の目標や指導内容は文言で示された概念や法則であり，それらは「教材」

を通して生徒に理解させる。教材は媒体であり，生徒に教科の目標や指導内容の具体を示すものであると考えられる。子安[11] は「教材は"見えない"教科内容を子どもたちに媒介するために構成され，組織される"見えるもの"である」と述べ，概念の具体化を端的・明快に示している。では，「具体化」とはどのような作業であるのか。

　ひと言に具体化といっても，教示したい概念や法則によってその方法は異なる。たとえば，新しい概念を教示しようとする際，対象の概念が具体物を伴うものであり，生徒がその具体物を見たことがない，あるいは見たことはあるが十分に認知できていないとする。この場合に求められる「概念の具体化」は，文字や文言による表現だけでなく，図や絵，画像や映像などの実体化が必要である。また，教示したい概念が「性質」（たとえば，熱い・冷たい・固い・やわらかい）ならば，概念の具体化として効果的な手法の一つに「体感」が考えられる。肌で感じ取ることにより，文言による観念的な知識から実感を伴った理解へと深化させることができる。また，教示したい概念が「解法」であるなら，その具体化は文字や数値を用いた「解法例の提示」と考えられる。

　教材を開発する際には，上記の視点を参考に教示したい概念の本質を捉え，内容の適切な具体化について様々な角度から検討してほしい。

（2）ねらいを明確にする

　媒体としての教材に求められるのは，教科の目標や指導内容の具体である。したがって，教材を開発する際には教科の目標や指導内容を熟知し，明確な「ねらい」をもって行うことが必要である。

　前項では「良い教材の条件」として「おもしろくて興味深い」「わかりやすい」「生徒の実態に即している」の３点を示した。これらは，教科や内容に関わらない一般的・基礎的な条件として示したものである。しかし，教材を作成する段階では，当然ながら各教科の内容や目標に即していなければ，その教科の媒体とはならない。実施する教科の学習指導要領及び解説書を熟読し，単元（項目や事項）で求められている指導事項を満たしているかどうかを十分に検討する必要がある。

　指導事項を満たせば，次に考えなければならないのは「生徒にどのような能力を身に付けさせたいのか」という視点である。知識や技能を身に付けさせた

いのか，思考力や判断力を身に付けさせたいのか，または関心や意欲を身に付けさせたいのかによって，開発する教材に求められる要素が違ってくる。たとえば，知識や技能の場合は，教科内容として確立している普遍的な事実や方法を身に付けさせることが求められるため，教材として必要な要素は「内容を分かりやすく構造化して説明できる要素」や「習得させるための適切な訓練的要素」などが考えられる。また，思考力や判断力などを身に付けさせたい場合，生徒が疑問に感じる要素や意図的に躓かせる要素を取り入れることもある。また，関心や意欲を身に付けさせたい場合には，知的好奇心を喚起させる要素が必要と考えられる（知的好奇心については，前項「良い教材の条件」に詳述）。身に付けさせたい能力を明確にし，ねらいにそった適切な教材を開発する必要がある。

（3）「教科目標からのアプローチ」と「具体物からのアプローチ」

　前段で述べたとおり，教材を開発する際には「ねらいを明確にする」必要がある。しかし，開発する前段階で，指導者が常に明確なねらいを着想しているとは限らない。開発が先で，その後にねらいを明確にするという過程もありうる。つまり「教科目標を実現させるためにはどのような教材を用いれば良いか」から出発する方法（以下「教科目標からのアプローチ」と呼ぶ）と，「これ（この物）は何かの教材に使えるのではないだろうか」という具合に，世の中に存在する具体物に注目し教材化を試みる方法（以下，「具体物からのアプローチ」と呼ぶ）が考えられる。「教科目標からのアプローチ」のほうが順次的で理にかなったスマートなアプローチに感じるかもしれないが，素材選定の際に発想が浮かばずに苦労することがある。一方，特に明確なねらいもなく，ホームセンターやドラッグストア，家電店や雑貨店などに並んだ素材や商品などを目にするうちに「これは使えそうだ」という物に出会い，そこから教材開発に発展することも多い。行き当たりばったりに見えるため「順番が違う」と考える人もいるかもしれないが「具体物からのアプローチ」により様々な発想が生み出される場合は多い。

　藤岡[12]は，「上からの道」と「下からの道」という表現で教材作成の道筋を示している。前者は「教育内容から出発して，それに関連する事実や現象の中から学習者の思考を誘発する物を選択・構成する」というものであり，後者は

「学習者の関心をひきそうな事実や現象，学習活動などから出発して，それと対応する教育内容を探し，両者を関連づける」というものである。山崎 [13] は，藤岡の示した二つの道筋について「両者は二者択一的な関係にはなく，現実には教育内容と教材（素材）間の関係は相互的な物である」と補足している。芦葉 [14] は「教材教具は教育目標を実施するための手段ではない。教材教具は教育の実践の場で用いるための教育目標の内在した具体物である」という視点を示している。上下の関係ではなく，教材教具に「目標が内在する」という見解を示している。

　いずれにせよ，アプローチの方法にこだわる必要はない。「教科目標からのアプローチ」のほうが「ねらい」から出発した順次的で理にかなった方法ではあるが，発想が浮かばなければ先に進まない。とりあえず「具体物からのアプローチ」により興味のある素材に次々とアタックし，教材を作ることからはじめる。そして，教材が完成してから（あるいは製作の過程で）その教材の「ねらい」を明確にするほうが良いアイデアが生まれる場合もある。「教科目標からのアプローチ」と「具体物からのアプローチの双方のアプローチ」の双方により，柔軟な発想で教材開発に取り組んでほしい。

3　教材開発の意義

　今では，様々な教材メーカーから多数の教材が市販されている。市販教材の中から適切な選定を行えば，ある程度の効果的な教育実践は行えるであろう。しかし，本章で様々な角度から述べてきた視点を鑑みれば，やはり指導者が開発した教材の教育効果は圧倒的に高いと考える。

　市販の教材の中から指導者のねらいに最も近いものを選んだとしても，それは近いだけであり最適ではない。全ての地域や学校及び個々に異なる生徒の状況において，どんな場合にでも最適に働く教材などありえない。ありうるのは近似値であり最適値ではない。「学習のねらいを定めた人が作る教材」「使う人が作る教材」そして「日頃から生徒と関わり，生徒の状況を最もよく知る人が作る教材」が最適な教材であるはずである。何よりも「手づくり」の教材には指導者の熱意が込められている。そして，その熱意は必ず生徒に伝わるのである。

　櫛田 [15] は教材を創る意義について「学習者は指導者の手創りの教育の中に愛と思いやりを感じとり，信頼と安定した心をもって指導の中に身をゆだね，豊かな経験を土台にしてゆっくりと自分の思考を創りだすことができよう」と語り，自作教材の深い教育的意義と至高性を唱えている。自作教材を実践した経験のある教師なら，誰もがその絶大な効果を自覚しているはずである。自作教材により，教師は自信と迫力を持って授業に臨むことができる。そして，その熱意は適切な理解とともに生徒との信頼関係を築き上げ，教室に生き生きとした空間を生み出すのである。

－第２節－

技術科における教材開発

　技術科の教材開発においても，前節で述べた一般的な教材開発の視点を取り入れることで，おおむね適切な教材開発が行えると考えられる。しかし，実技教科である技術科には，座学が中心の教科とは違った特有の視点が存在する。

　本節では「技術科に求められる教材」「技術科における教材開発の視点」とは何かについて述べる。そして技術科特有の「製作題材の開発」について考える。

1　技術科に求められる教材とは

　松浦 [16] は技術科の教材開発に関する研究の中で，「困難と思われる問題を発見し，これを生徒が理解しやすいように，その内容に合致した教材を提供すること」を「教材化の出発点」と位置づけ，芦葉 [17] の言う「内容理解性」と同様の視点を教材化の筆頭条件として捉えている。田中 [18] は技術科における「良い教材の二つの条件」として「典型性」と「具体性」をあげている。田中は「典型性」について「現実の技術及び労働の世界の"第二の現実"として担えるもの」としている（"第二の現実"については注 [19] に詳述）。「具体性」については「教科の本質につながっていくような実体的なイメージの形成を促進しふくらます」ものとしている。筆者は，田中の言う「典型性」の視点は，題材に求

められる「真正性」[20]の概念に包括されると解釈している。「真正性」とはもともと「本物」という意味であるが，教育方法学における「真正性」の概念は，ウィギンス（Wiggins）[21]によって「仕事場や市民生活，個人的な生活の場で試されているその文脈を模写すること」と規定される。日常の社会から隔離された学校の中でしか通用しない特殊能力ではなく，社会の中で生きて働く能力を捉えようとする視点である。たとえば，延長コードの許容電流と，電気機器の定格電流を学んだとしよう。しかし，たとえペーパーテストで計算できたり，安全な使い方について正解を導けたりしても，それを日常生活の場面に結び付けて現実の場面で活用できないと意味がない。たとえ，木材の性質や丈夫な構造の理論に基づいた「すばらしい本立て」を完成させることができても，技術室という限られた空間の中で達成した「一経験」に終わり，その後の日常生活や社会生活に応用できる能力が身に付いていないのであれば意味がない。第Ⅰ章で示した「技術科教育の意義」を鑑みれば，真正性は技術科の教材開発において重要な位置を占めると考えている。

寺石ら[22]は「価値のある教材が提示されれば，生徒は自ら，主体的に学習に取り組む意欲や態度をもつようになる。その結果，教師は，その場・その生徒

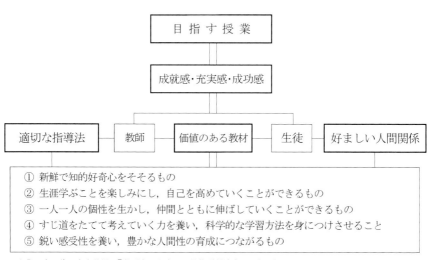

出典：寺石稔・安東茂樹：『学ぶ喜びを高める技術科教育』，明治図書，p. 27（1997）

図 3-1　価値のある教材の構造図

に適した指導が行えるようになる」と述べ，「価値ある教材の構造図」として図
3-1 を示している。寺石らによる「価値のある教材」の条件5項目（図 3-1 の
①〜⑤）を省察すると，①②④は本章・第1節に示した「良い教材の条件」と
本節で述べた真正性に概ね包括されると考えられる。また，③に協同学習で有
効に機能する教材の重要性を示している。そして，⑤では「感受性」といった
情操面の涵養を教材の要素に求めている。さらに，寺石らは①〜⑤に加え，適
切な指導法や生徒の人間関係まで「価値ある教材の構造図」に含めており，技
術科の中で有効に機能する教材の要素を幅広い視点から示している。

　その他，技術科の「教材」と言えば「製作題材」が象徴的な位置づけとなっ
ている。製作題材の開発は，素材の選定・試作品の開発・指導法や効果的なワ
ークシートの開発など，教材開発における多くの要素を含む。これについては，
後述の「3　製作題材」において詳しく述べる。

2　技術科における教材開発の視点

　技術科では他教科と違い，実践的,体験的な学習活動がより多く求められる。
ここでは，教材開発における一般的な視点は満たしているという前提で，技術
科特有の視点を以下の2点に焦点化する。

（1）「視覚」と「体感」

　教えたい内容を「教材」を用いて具体化する際，技術科の場合「視覚」と「体
感」が重要な要素と考える。以下に，授業実践でよく用いられている基本的な
事例をとりあげ「視覚」と「体感」の要点を示す。

　たとえば，木材の組織を理解させた
いとする。教科書のとおり「管状の繊
維」[23] と言葉で説明したところで，ほ
とんどの生徒は意味がわからない。そ
こで「管状の繊維」を「ストローを束ね
たようなもの」と言い換えると組織の
構造がイメージしやすくなる（図 3-2）。
その上で，木材の断面を顕微鏡で拡大
した写真を見せる（図 3-3）。そのよう

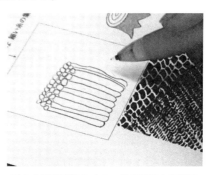

図 3-2 組織構造のイメージを描写する様子

にすれば，木材の組織をより正確に認識することができる。さらに，木片を使ってシャボン玉ができる（泡が発生する）ことを体験させることにより，観念的な知識から実感をともなった理解へとつなげることができる（図3-4）。この組織構造が「熱を伝えにくい」という性質をもたらし，床のフローリングをはじめとした日常生活や社会生活で用いられている木製品に有効活用されていることを知らせる。そうすることで，より真正性のある理解へとつなげることができる。

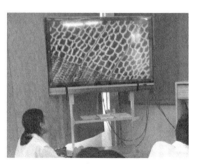

図3-3 組織断面の拡大写真を見る様子

　木材の組織構造はさらに「繊維方向に沿って割れやすい」という性質をもたらしている。身近にある割り箸を用いて説明したり，薄い木片を準備して生徒に実際に割らせてみたりすることで，木材の性質を体感させることができる。そして，

図3-4 木片でシャボン玉をつくる様子
（※図3-2, 3-3, 3-4は藤川2014[24]より）

日常生活で用いられている木製品を見せ，繊維方向を考えて製作されている様子を確認させることで根拠に基づく理解へとつなげることができる。

　また，のこぎりの「あさり」を理解させたい場合，目視だけでは「あさり」の様子が十分に確認できないので，拡大写真を準備したり，刃の部を拡大してあさりの部分が誇張された「のこぎりの模型」を製作したりして，視覚的に示すとよい。さらに「あさり」のないのこぎりを製作し，「あさり」のある（通常の）のこぎりと両方で木材を切り比べさせ，切り易さの違いを体験させるとさらに効果的である。「あさり」のないのこぎりは，のこぎりの刃の部分を側面から「げんのう」で叩くことにより簡単に製作できる。さらに，ハイスピードカメラ[25]で双方の様子を撮影し生徒に見せる。「あさり」のあるのこぎりのほうが「木くず」が詰まらず，スムーズに飛び散る様子がよく見える。「視覚」と「体感」により「あさり」という概念が確実に形成されていく。

　以上，基本的な事例から「視覚」と「体感」の要点を示した。それらは技術

科における「概念形成」を助けるとともに，形成された概念をオーセンティックな理解へとつなげる有効な手段であると考える。

（2）解を最適なものとする考え方

　理科は自然現象から事実や法則を探究する教科である。理科にも実験やものづくりは存在するが，目的は自然界の事実や法則を理解することであり，そこには普遍的な正解が存在する。たとえば，ロスなく送電する究極の方法は超伝導を用いて抵抗値をゼロにすることである。しかし，技術科には製品化という視点が存在する。超伝導を実現するには液体ヘリウムや窒素温度など約-200℃前後での運用が必要であり冷却コストがかかる。製品開発の際には「コストに見合う効果はあるのか」を考える必要がある。さらに「安全か」「環境への負荷はないのか」「人々のニーズに即しているのか」など様々な視点が求められる。製品化においては普遍的な正解はない。あるのは目的や条件に即して解を最適なものとする考え方である。

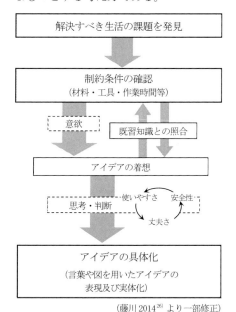

（藤川2014[26]）より一部修正）

図3-5 設計における思考過程のイメージ

　次に，技術科において，解を最適なものとする考え方を育てるための基本的な指導事例を示す。たとえば，白熱電球・電球型蛍光灯・LED電球の特徴から様々な条件に応じた利用法を考えさせたいとする。ここでも，前段で示した「視覚」「体感」の要素を取り入れ，実物の電球を準備して各電球の温度・色合い・照射方向などを実感させるとよい。また，手回し発電機を用いて各電球を点灯させ，ハンドルの重さ（手にかかる負荷）から消費電力の違いを体感させる方法もある。そして，各電球の価格や特徴などをまとめた表を作成させ（あるいはあらかじめ指導者が作成したものを提示し）その表

をもとに使用する場所や個人の生活様式に応じた最適な利用法を考えさせる授業展開などが考えられる。

　解を最適なものとする視点については，製作題材における設計の場面に取り入れるとより効果的である。設計の場面では，生徒個々が生活の中から技術に関わる問題を見いだし課題を設定するため，最適な解決策は一様ではない。さらに，学校で使用できる材料や工具には制約がある。それらにより，設計の場面では与えられた条件の中で解決策を最適なものにしようとする「技術の見方・考え方」をより効果的に働かせる学習展開が可能である。図 3-5 に，設計における思考過程のイメージを示す。なお，図 3-5 に示す全体の思考過程や「思考・判断」の場面における「使いやすさ」「安全性」「丈夫さ」の視点等については，あくまでも一例である。生徒の実態に考慮しつつ，学習指導要領解説や全国的な実践事例を参考に，各教員が適切な視点を設定する必要がある。

　設計過程において，図 3-5 のようなイメージ図を構想した後，その各過程において，それらの思考を促すための思考ツールやアイデアを言葉や図で具体化できるワークシートを準備する必要がある。さらに，アイデアを評価・修正できる場面を取り入れ，より最適な解決策へと導くことが重要である。

3　製作題材

　技術科特有の教材に「製作題材」がある。技術で教材といえば製作題材をイメージする人も多く，技術科の教材の中では象徴的な位置づけとなっている。製作題材の捉え方については様々であるが，ここでは「材料と加工の技術」と「エネルギー変換の技術」における設計及び製作の過程 27) 28) で中心題材となる製作品に対応する教材として位置づける。

　製作題材の開発は，素材の選定・試作品の製作・指導法や効果的なワークシートの考案など，教材開発における多くの要素を含む。また，製作題材には，基礎的・基本的な知識や技能を身に付けさせる要素や，思考力・判断力・表現力を身に付けさせる要素など，複数の教育効果を組み込むことができる。

　製作題材には，生徒全員に同じ製品を製作させるものと，生徒によってそれぞれ違った製品を製作させるものがある。学習指導要領が求める設計の場面では，生徒個々が生活の中から技術に関わる問題を見いだし課題を設定する必要

がある。生徒によって課題は異なり解決策は一様ではないため，すべての生徒が同じ作品を製作する画一的な製作題材では学習指導要領の指導事項を満たすことはできない。このことから，画一的な製作題材を用いる場合は，基礎的・基本的な知識や技術を身につけさせるための導入題材として位置付けることが望ましい。しかし，時間数の割に指導内容が多い現在の学習指導要領において，導入題材として製作題材を用いるのは時間的に難しい面もある。導入題材として画一的な製作題材を用いる場合は単なる練習という位置づけだけではなく，知識・技能の定着だけでもなく，問題解決につながる技術科の見方や考え方を育む要素を取り入れると効率的で効果的である（第Ⅳ章，第12節の題材には同様の視点が見られる）。

　製作題材の開発は，技術科における教材開発の英知が集約されるため容易なものではない。そのため，多くの学校現場では市販のキット教材が用いられている。しかし，前節の「教材開発の意義」で述べたことと同様に「オリジナルの製作題材」は生徒の実態や教師のねらいに即した指導が行えるため，適切な理解をもたらすとともに教師の熱意や愛情が生徒との信頼関係を築き大きな教育効果を生む。ぜひともチャレンジしてほしい。

　本章では，第1節で一般的な教材開発についての視点を，第2節では技術科特有の教材開発の視点を示した。両視点を合わせ教材開発に取り組めば，適切で効果的な教材が開発できると考えている。本章で示した知見が少しでも参考になれば幸いである。しかし，本書で示す視点にとらわれ，考えすぎて前に進めないのでは意味がない。何より大切なのは指導者の「情熱」である。失敗を恐れず，どんどん教材開発に取り組んでほしい。荒削りで多少課題があっても「先生の作った教材」というだけで絶大な効果がある。使用しながら試行錯誤を重ね，改良を加えていけば良い。前節の「具体物からのアプローチ」でも述べたように「ねらい」は後付けでもよいので思い切った発想で教材開発に取り組んでほしい。

（藤川　聡）

注・文献等

1) キルパトリック（Kilpatrick）が 20 世紀初めに提唱した学習指導の形態。ものづくり等の体験的・実践的な活動を中心に，生徒が自ら計画・実行を行い，問題解決していく学習形態。出展：Kilpatrick, W.H.,："The Project Method", Teachers College Record, Vol. 19, No. 4, pp. 319-335 (1918)

2) 本書 第Ⅱ章・第 1 節，「教材・教具・題材の定義」，pp. 43-46

3) 芦葉は，教師が授業設計に真剣に取り組み「もっとわかりやすくて，興味を持つ教材教具はないか」と種々の教材教具を検討したなら，「教材教具の開発の必要性を感じたはずである」と述べている。そして，「現状の教材教具の市場をみると，製品の需給はいつも後追いの状態で，教師の欲求を満たしてはいない」と教材・教具を自作する必要性を示している。出展：芦葉浪久：『優れた授業を支える教材教具』，ぎょうせい，p36（2006）

4) 櫛田は「使う人がつくる教材，指導のねらいと学習者を最もよく知る人が作る教材が最も適切な教材のはずである」と述べている。出展：櫛田盤：『新盤視聴覚教材を創る』，学芸図書，p. 15（1993）

5) 芦葉は，教材教具によって児童を学習に引き込むためのポイントとして， 1 点目に「おもしろいこと」， 2 点目に「わかりやすいこと」を示している。出展：前掲3)，p. 40（2006）

6) 志水廣：『新算数科 教材開発の理論と実践』，明治図書，p. 13（2007）

7) 水口涼ほか：『ひとりひとりの子どもに学ぶ教材教具の開発と工夫』，学苑社，p. 7（2006）

8) 前掲4)，p. 9（1993）

9) 櫛田ほか：「自発性の尊重」『生活科を創る』，学芸図書，p. 15（1989）

10) 芦葉は「理解容易性」という言葉で筆者と同様の見解を示している。同氏は「理解容易性は，ブラックボックスになる部分を減らして，原理を分かりやすくしたり，現象を分かりやすくしたりすること，または，条件制御をして問題を単純化するなどによって求めることができる」と述べている。出展：前掲3)，p. 41（2006）

11) 子安潤：「見えないものから見えるものへの教材づくり」『授業設計のストラテジー』（吉本均編），明治図書，p. 98（1984）

12) 藤岡信勝：『教材づくりの発想』，日本書籍，pp. 1-275（1991）

13) 山崎雄介：「教材解釈と教材開発」『よくわかる授業論』(田中耕治編)，ミネルヴァ書房，p. 65（2007）

14) 前掲 3)，p. 8（2006）

15) 前掲 4)，p. 15（1993）

16) 松浦正史：「教材開発の過程」『技術科における教材開発の方法と実践』，風間書房，p. 232（2000）

17) 前掲 10)，p. 41（1993）

18) 田中喜美：「中学校技術科の授業論」『技術科の授業を創る—学力への挑戦—』(河野義顕他編集)，pp. 326-327（1999）

19) 田中は教材の構成について「授業は教室と呼ばれる特定の空間で行われ，現実の対象世界としての技術そのものに子どもを立ち向かわせることは困難である。そこで，技術そのものの世界の第二の現実—全体としては，技術及び労働の世界の第二の現実—として，その典型的事実を教材として構成する」と述べている。出展：前掲 18)，p. 319（1999）

20) 「真正性」については教育評価論の文脈で登場する場合が殆どである。教材の要素として取り上げている書物は見たことがない。しかし，指導と評価は一体と考えるべきであり，教材論においても（特に技術科においては）重要な視点であると考えている。教育評価論の文脈では「真正性」を伴った教育評価を「真正の評価（authentic assessment）」と呼ぶ。「真正の評価」は，1980 年後半に登場した「標準テスト」(集団における平均や偏差値による評価を目的としたテスト) を批判する背景から生まれたものである。真性の評価論は，後に登場する目標準拠型評価，パフォーマンス評価やポートフォリオ評価の根幹と考えられる。出展：Burke, K.,：“Authentic Assessment”, A Collection, Lesson Lab, 1992

21) Wiggins, G.：“Educative Assessment”, Jossey-Bass Pub., p. 24（1998）

22) 寺石稔・安東茂樹：『学ぶ喜びを高める技術科教育』，明治図書，p. 27（1997）

23) 間田泰弘，他 64 名：『新編 新しい技術・家庭（技術分野)』，東京書籍，p. 24（2016）

24) 藤川聡：「教材開発の視点」『技術科教材論』，p. 66（2014）

25) 通常のカメラより多くのコマ数を連続的に撮影する事ができるカメラ（1 秒間に 30 コマを超えるカメラ)。動画を超スローモーションで鮮明に見ることがで

きる。たとえば「釘打ち」が苦手な生徒（釘が曲がってしまう生徒）を，ハイスピードカメラで撮影すれば，その原因がよく分かる。視点（ひじ）が固定されず，打つたびに「げんのう」の打面の角度が変化する様子がよくわかる。映像を見せてグループで検討し，問題点を見つけさせるなどの授業展開が考えられる。体育科でも利用範囲が広いと思われる。最近では，比較的安価なものも販売されているため，学校現場において様々な利用法が期待できる。

26) 藤川聡：「目的や条件に即した設計を無理なく体験できる製作題材—My Woody Rackの製作—」『技術科教材論』, p. 127 （2014）

27) 文部科学省：『中学校学習指導要領解説 技術・家庭編』, 教育図書, p. 28-31（2017）

28) 前掲27), pp. 43-44 （2017）

付記：本章は筆者・藤川による前報「教材開発の視点」『技術科教材論』（竹谷出版，2014）に加筆・修正を加えたものである。

第IV章

教材開発の実際

―第1節―

教室での課題解決を起点とした木製品の製作

1　題材について

　従来から技術分野の学習においては，製作を行う中で，のこぎりびきや組み立ての釘打ち，仕上げのやすりがけなどを通して課題解決を行う中で，完成したときの達成感や学習の意義を生徒が感じているとされてきた。

　平成29年度公示の学習指導要領においては，「何を学ぶのか」「何ができるようになるのか」「どのように学ぶのか」を明確に打ち出し，生徒の資質・能力の育成を重視している[1]。技術分野で育成を目指す資質・能力は，単に何かを作るという活動だけではなく，原理や法則，基礎的な技術の仕組みを理解した上で，生活や社会の中から問題を見いだして課題を設定し，解決方策が最適なものとなるよう設計・計画し，製作・制作・育成を行い，その解決結果や解決過程を評価・改善する経験を基に，今後の社会における技術の在り方について考えるといった学習過程を経ることが効果的と考えられている。

　学習指導要領解説[2]でも取り上げられているように，技術分野の学習内容はA〜Dのいずれにおいても「生活や社会を支える技術」「技術による問題の解決」「社会の発展と技術」の三つの要素で構成されている。その中で，「技術による問題解決」の要素では，問題解決に取り組む中での過程の評価と修正が繰り返されることが重要とされ，課題の設定から技術に関する科学的な理解に基づいた設計・計画，そして製作・制作・育成を通して課題解決能力を育成していくことが必要になると考えられる。

　本題材では，1年次での履修が多いと考えられる「A材料と加工の技術」における木材加工実習を通して，「技術による問題解決」における課題解決型学習の部分に重点を置き，生徒が教室内で起こりうる課題をテーマに取り上げいている。それらの課題を解決する中に，協同的な学習を取り入れ課題解決に取り組むことで，3年間を通して活用できるような基礎的な問題発見や課題解決に取り組む経験を積むことを目的としている。

2　教材の特徴

（1）共通課題の設定

　本題材は木材加工による製作を通して，わかりやすい形で問題解決に取り組むことをポイントとしている。その際，生徒にとって自分事として捉えやすく，また全ての生徒にとって共通の意識を持てる問題を設定し取り組んでいくことが望ましい。1年生での問題として「教室のロッカーが整理できず荷物が混ざる」と言う問題が挙がっていた。そこで問題に対応するにはどのような対策が考えられるかという課題を設定し，その一つの解決策として，ロッカー内で隣の生徒との仕切りがあると荷物や教科書が混ざらないという点から「基本形」（図1）となる形を提案し，一人分の荷物を区切って収納できるようにし課題を解決していくことで題材の中心的な流れとしている。

（2）個別課題の設定

　図1の構想図を用いて材料の構造や強度などの基本的な設計についての学習をしたうえで，図2のように背板を追加した基本形の例を提示し設計の段階に進む。その後，設計に関する知識を活用しながら，各自が持ち帰った際の使用場面や条件を踏まえた設計を行う。設計の段階では，第三角法による正投影図で全体の設計図を作成した後，図3に示されている配布される木材の一覧から，部品をどのように切り出してくるかを考えさせる。「基本形（図2）」を製作するには，配布される木材から①〜⑥の部品（図3）が必要となる。加えて，⑦の材料を配布し自らの設定した使用目的や使用条件などを達成できるような設計が行うことができるように配慮している。

　生徒のレベルに応じて設計を進めることができるよう，あくまで共通課題として設定した「教室のロッカーが整理できず荷物が混ざる」という問題の解決をベースにしつつ，それぞれの生徒が家庭での使用場面を想定し，個々の問題を解決につながる設計を進めることができるよう設計の指導をしていく必要がある。その際，共同的な学習をすすめる手法として，生徒同士による製作品の構造の確認や材料どりの確認をする中で，構造の工夫や材料どりの工夫を互いに共有することも可能である。

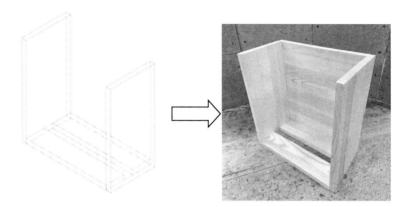

図1　構造学習用の基本形構想図　　　　図2　構造学習後の基本形

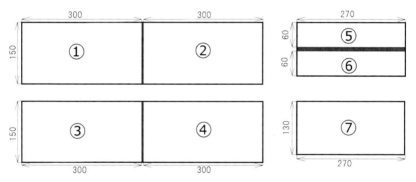

(①〜⑥：基本形で使用させるもの　　⑦：生徒の設計に応じて使用させるもの)

図3　生徒に配布する材料一覧

3　指導計画

　本題材では，木材加工による製作を実施する中で使用目的や使用条件などに
応じた課題解決を進めるとともに，設計，切断の項目においても協同的な課題
解決学習の指導形態を取り入れている。このときの課題設定のポイントとして，
必ず一つの正解にたどり着くものではなく，視点を変えると答えが変わるよう
な，表現の方法が一つでないものを設定しておく。

表1　題材の指導計画

学習項目	指導内容・手順等	指導上の留意点
設計 （4時間）	・基本形をもとに，使用していく上で発生すると考えられる課題とその課題を解決するための方法（材料の組み方や補強など）を検討・交流する。 ・基本形の等角図（図1）をもとに，必要な機能や使用目的を考慮して構想図をまとめる。 ・製作に必要な部品を部品図にまとめる。	・交流の結果出てきた問題点の確認と解決方法について，補足の説明を行う。 ・構造の工夫や使用場面での条件に適合する設計となっているかを確認させる。 ・部品図を配布する木材と対応させることで，けがきの作業がスムーズに進むように作成させる。
けがき （3時間）	・さしがねの使用方法を理解する。 ・作成した部品図を参考に，材料取りの配置を確認する。 ・さしがねの正しい使用方法を確認しながらけがきを行う。 ・組み立て時に必要な釘の位置のけがきを行っておく。	・切りしろ，けずりしろに必要な間隔を理解させる。 ・さしがねの使用方法について理解させる。 ・正確な材料どりを実施するため，こぐち・こばへのけがきを指示しておく。
切断 （3時間）	・切断に使用する工具について，切断するために考えられた工夫をグループで考え，切断の原理を理解する。 ・実際にのこぎりを使用して，材料取り寸法線にしたがって切断を行う。 ・切断面の垂直度合い（2方向）を確認し，技能の評価を行う。 ・座学での学習内容と，実際の作業を通して自ら考えたポイントをまとめる。	・安全に注意しながら，のこぎり引きを正確に行えるように配慮する。 ・切断の基本的な手順を解説した上で，体験を通して感じたことを言語化させるためのアドバイスを実施する。
切削 （3時間）	・切削の仕組み（繊維方向とならい目）について学習する。 ・仕上がり寸法線までの切削作業を行う。 ・座学での学習内容をもとに，実際の作業で自ら考えたポイントをまとめる。	・切削の作業を通してならい目の向きを確認させるとともに，こば削りの際に割れが発生しないように注意を促す。 ・切削の基本的な手順を解説した上で，体験を通して感じたことを言語化させるアドバイスを行う。
組み立て・ 仕上げ （3時間）	・仮組み立てを実施し，設計時とのズレがあった場合は部品の修正を行う。 ・製作品の構図を考え，接合の順序を検討し，ねじ釘を使用して組み立てる。 ・製作品の表面や角を，適切な工具を選択して，表面の仕上げを行う。	・組み立ての手順を理解させる。

4 授業内容

（1）設計作業

　設計段階での課題解決として，材料の組み方や構造の理解を深めるために，構想図から課題を読み取り，その解決策をグループで考えプレゼンテーションを実施した。例題として，材料取りをするときに繊維方向によって製作品の強度が変わってくることを取り上げ，繊維方向に注意して材料取りをする必要があることに気づかせるよう発表の例を実演しておく。

　生徒が取り組む課題は，図4のプリント右側にある3つの事例，「材料の組み方」「作品の構造」「部品の寸法」について設定している。それらの課題に対して，クラスを9グループに分け，3グループごとに一つの課題に対する課題点と解決方法の発表を行った。

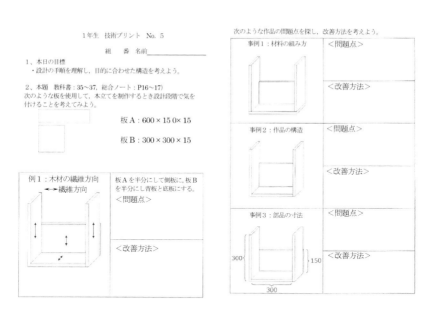

図4　設計時の学習プリント

（2）切断作業

切断の作業では図6のような授業プリントを使用し，のこぎりの構造から切りやすくするための工夫として①縦引きと横引きの違い②のこ刃の「あさり」があることで切りやすくなる理由について考え，設計時と同様にグループごとに自分たちの考えをまとめ，発表を行わせる。

また，座学で学習するだけで

図5　切断についての課題解決学習のイメージ

なく実際に切断の作業を実施し，切断面の2方向（こばに対しての直角度合いと木表・木裏に対しての直角度合い）を測定した後に，寸法線に対して正確に切断を行うためにポイントとなる点を，自分なりに言語化させる。この活動を通して，評価の観点である「知識・技能」の両面から対応することができると考えられる。

1年生　技術プリント　No. 9

組　番　名前_____

1、本日の目標
　・切断に必要な道具と方法を理解する。
　　（教科書：P56～59、総合ノート：P38～39）

2、切断についての基礎用語確認　（総合ノート：P38～39））
　　総合ノートを使って基礎用語を確認しよう。

3、のこぎりに隠された「切りやすくするため」の工夫について
　　グループごとに考え発表しよう。

Q1：のこぎりの刃の形が右と左で違うのはなぜ？

仮説
から切りやすくなる。

補足（他の班の発表を聞いて）

Q2：のこぎりの刃の上にシャーペンの芯が乗るのはなぜ？

仮説
から切りやすくなる。

補足（他の班の発表を聞いて）

Q1：「まっすぐ切る」「まっすぐ切れている状態」とは？

Q2：Q1の状態にするために気を付けるポイントは？

のこぎり	
自分の位置	
動かし方	

5、実際にのこぎり引きをしてみて、2～4で学習した内容を踏まえて「まっすぐ切るためのポイント」を自分の言葉でまとめよう。

切断面評価：（　　　：　　　）

＜メモ＞

図6　切断時の学習プリント

5 まとめ・考察

　技術の見方・考え方である「生活や社会における事象を，技術との関わりの視点で捉え，社会からの要求，安全性，環境負荷や経済性などに着目して技術を最適化すること」を身に付けさせるためには，従来から取り組まれてきた「製作」の中で，いかに課題解決型学習を意図的に取り入れながら繰り返し体験を積ませることが重要である。

図7　教室での使用を目的とした作品　　図8　家庭での使用を目的とした作品

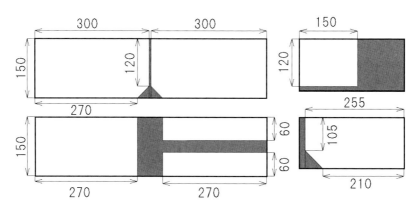

図9　家庭での使用を目的とした生徒作品（図8の部品図）

　本題材では生徒の学校生活での課題を通して体験させることで最適化が一つの正解ではなく，個々の条件によって異なることを理解させることにつながると考える。また，１年次に本題材のような形式で課題解決型学習の基礎を体験することで２・３年時に履修する他の内容においても同様に，技術の最適化について考えていくことができる。

　本題材では，教室での課題を解決することをベースに製作を実施していることから，図７のような教室での使用を目的とした作品から，図８のように基本形をベースに家庭に持ち帰っての使用を目的とした作品に改良する生徒もいる。設計段階から，生徒は配布される材料からどのように部品を切り出せば自分の目的とする製作品を作ることができるかを考え，図９のように部品図を完成させることができる。このような身近な範囲での課題解決型学習を繰り返すことで，技術の見方・考え方を働かせ，より良い生活や持続可能な社会を構築する資質・能力の育成につながることが期待できると考える。

　生徒によって生活の中での経験値の差が大きくなり，同一の課題を設定するだけでは育成すべき資質・能力が限られてきている現状がある。その一方で限られた時数内でのカリキュラムを履修していかなくてはならない。今後は，一つの正解ではではなく多様な解を持つ課題，体験を繰り返すことのできる課題を設定し，２・３年次へのつながりを持った題材を構築することが望まれる。

（中川　晃）

参考文献等

1)　文部科学省：新しい学習指導要領の考え方，
　　http://www.mext.go.jp/a_menu/shotou/new-cs/__icsFiles/afieldfile/2017/09/28/1396716_1.pdf
2)　文部科学省：学習指導要領解説，
　　https://www.mext.go.jp/component/a_menu/education/micro_detail/__icsFiles/afieldfile/2019/03/18/1387018_009.pdf

―第2節―

パイン Cube（改） ― 設計のための工夫 ―

1　題材について

　令和3年度より，中学校の新学習指導要領が全面実施される。技術・家庭科においては，授業時数は増えないものの，社会情勢の変化や技術革新にも対応するため教育内容は実質増加している。限られた授業時数の中で，教育の質を高めた授業実践を行っていくためには，3年間をしっかりと見通した指導計画と短時間で行える効果的な題材が必要となる。本題材は，内容A「材料と加工の技術」において，限られた時間の中で，自分なりに工夫して製作品を設計・製作する喜びを体験させることを念頭に開発した。また，筆者の勤務する地域においては，多くのベテラン教員が退職を迎え，若手教員が増加している。そのような事情も踏まえ，誰もが効果的な指導が行える題材として開発と実践を行った。

　本題材は，1年生の当初から行うことを前提に計画している。その上で，
①製品の設計を工夫し創造する能力（思考力・判断力・表現力）の育成が行えること。
②材料と加工に関する基礎的・基本的な知識及び技術の習得ができること。
③対象が1年生のため，比較的，設計・製作がしやすいこと。
を条件として開発を行った。従来から行われているような一枚板からすべての部品を設計し製作する題材では，難易度的にも時間数的にも1年生の当初に取り扱う題材としては難しいと考えた。そこで，ひとつの題材で，基礎実習と設計・製作を同時に行うことができ，さらに試行錯誤しながら設計を工夫し製作できる題材を実現させるため研究を進めた。

　「パイン Cube（改）」は，基礎実習として製作する「パイン Cube」に，生徒たちが改良「（改）」を行っていく題材となっている。使用目的や使用条件を考え，機能や構造を追加して設計していくことで，経験の少ない1年生でも工夫し創造する能力を育成することができる内容となっている。

2　教材の特徴

（1）　パイン Cube

　基礎実習として製作する「パイン Cube」は図1のような中空のボックス形状となっている。1辺が180mmの立方体である。また，材料には2枚のパイン集成材を使用する。サイズは図2の通りである。厚みは12mmとなっており，接合には，真鍮釘を使用する。

　材料は，安価で材質がやわらかく加工がしやすいパイン集成材を選択した。事前の調査では，のこぎりびきの経験者が約半数，釘打ちに関しては経験者が2／3ほどであり，作業に多くの時間がかかることが予想された。そこで，けがきの手間を極力減らし，横びきのみで材料を切り出すことができるように，幅の違う2枚の板を用意することとした。接合は，接着剤を入れたうえで，真鍮釘で固定する。強度や構造に問題があることに気づかせ，後に設計を行う際の課題として認識させた。

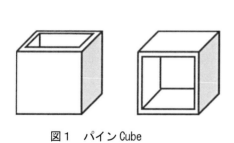

図1　パイン Cube　　　　　　　写真1　パイン Cube

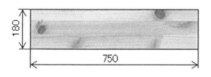
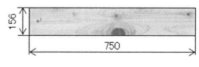

図2　パイン Cube に使用する材料のサイズと形状

（2）パイン Cube（改）

　基礎実習として製作した「パイン Cube」に，自分なりの設計を加えてオリジナルの製品「パイン Cube（改）」を設計し製作を行う。設計には，図3のワークシートを使用する。

　設計は，この題材の最も重要な部分となる。しかし，自分自身の構想を設計図に表現するのは容易ではない。そこで，ワークシートでは，製品の使用目的や使用条件を検討させたうえで，機能と構造についてを考えさせた。材料については，「パイン Cube」の続きであることからパイン集成材に限定し，加工法については，こちらで提示することとした。発達段階に応じた制約条件を設定することで，設計がしやすくなるのではないかと考えた。また，製作に必要な図に関しては，構想図をイメージ図として寸法表記等を省略し，全体像をつかむことを重視した。材料取り図や部品表に関しては，縮尺1/5で材料全体を示す図や部品表の枠などをあらかじめ印刷しておくことで，ワークシートの記入にかかる時間の省略を行った。

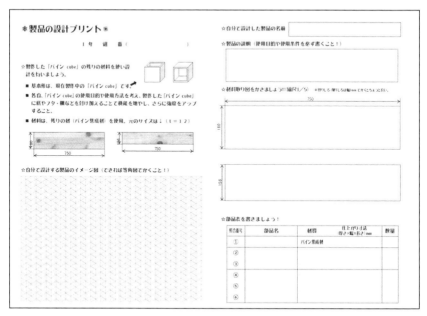

図3　設計ワークシート

3　指導計画

　限られた授業時数で指導するために，指導内容の精選や指導法の工夫を行った。特に実習では，設計の時間を十分に確保する必要があるため，班での協力を重視したり，けがきの補助ツールを使用したりするなど時間短縮につなげた。

表1　題材の指導計画

学習項目	指導内容・手順等	指導上の留意点
・材料について 　木材・金属・プラスチック （4時間）	・木材・金属・プラスチックについて ・木材の種類・特徴，木質材料 ・金属の種類・特徴， ・プラスチックの種類・特徴	・実際に使われているところなどを紹介し，実例を挙げる ・見本などの実物を見せる
・製図 　等角図・第三角法による正投影図 （4時間）	・等角図の特徴と描き方の説明，練習 ・第三角法による正投影図の特徴と描き方の説明，練習 ・製図の役割，線の種類と使い方	・図法を理解したうえで練習問題などを用いて，繰り返し練習させる ・製図の役割を知らせる
・構造と加工法 （2時間）	・構造と部材を丈夫にする方法 ・材料に適した加工方法	・簡単な模型等を用い，丈夫にする方法を検討させる ・実習に使用する工具や機械を例に説明する
・パインCubeの製作 （7時間）	・けがき（さしがね，直角定規） ・切断（両刃のこぎり） ・部品加工（のこやすり，ベルトサンダ，ボール盤） ・組み立て（木工用ボンド・げんのう）	・安全に留意させる ・班単位で機械の利用時間を管理し進度の調整を行う ・班単位で協力させる
・パインCube（改）の設計 （2時間）	・設計のプロセスの説明 ・問題の発見と課題の設定 ・構想の具体化と設計	・使用目的と使用条件をはっきりさせるように伝える ・サイズが紙の上で決められない場合は実物を用いて，具体的な寸法を決めさせる
・パインCube（改）の製作 （7時間）	・パインCubeの製作の手順に同じ ・仕上げ（素地磨き・ワックス）	・安全に留意点させる ・班単位ではなく個人で進める
・材料と加工の技術の評価，選択・管理・運用・改良・応用 （2時間）	・完成レポートの作成 ・評価・活用	・個人の活動とグループワークを織り交ぜたワークシートを用いて検討させ，深い学びにつなげる

4　授業内容

（1）パイン Cube（改）の設計

　ワークシートを用いて，「パイン Cube（改）」の設計を行った。設計の制約条件として，

①完成した「パイン Cube」に付け加える形で設計すること。

②「パイン Cube」に使用した残りの材を利用すること。

③製作の工程に，けがき・切断・部品加工・組み立てを含むこと。

の３点がある。図４は生徒が記入したワークシートの一例である。

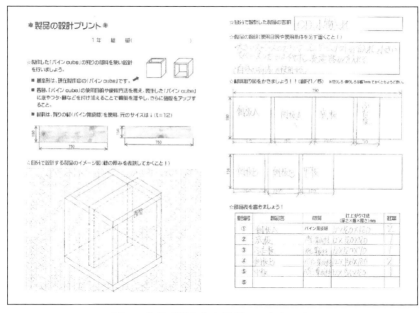

図４　生徒が記入した設計ワークシート

　まず初めに，使用目的と使用条件をはっきりとさせる必要があることを伝えた。自分が利用する場面をしっかりと考え構想することで，「自分の部屋でゲームを入れる棚に使う」や「ベランダで育てる植物の植木鉢にする」など様々なアイディアが出てきた。次にイメージを等角図等で表す作業へと進んだ。イメ

ージ図には寸法の記入はしないが，必ず板の厚みを表現することを条件とした。その後，材料取り図と部品表の記入へと移った。ここでは，自分が製作する「パイン Cube（改）」に使用する部品のサイズを具体的に決定する必要がある。残りの材のサイズを考え，紙の上で部品のサイズを考えることのできる生徒は少数である。大多数は，どのようなサイズにしたらいいかわからない。そこで，そのような生徒には，製作した「パイン Cube」に，残りの材を当てて実物の大きさをはからせ，材料取り図と部品表を記入させた。

（2）パイン Cube（改）の製作

　設計のワークシートが完成した生徒は，いよいよ「パイン Cube（改）」の製作へ移る。製作の工程は，基礎実習として製作した「パイン Cube」と重なるため，班単位ではなく個人で製作を進めた。けがき・切断・部品加工・組み立ての各工程において，1回目の経験を活かしスムーズに製作することができる生徒が多かった。仕上げの工程に関しては，全体の進み具合を見ながら，途中で全体説明を加えることとした。

　生徒が製作した「パイン Cube（改）」の写真を数点紹介する（写真1・写真2）。制約条件のもと，自分の目的に合わせ設計を工夫した様子が見て取れる。

写真2　生徒が製作したパイン Cube（改）①

写真3　生徒が製作したパインCube（改）②

（3）材料と加工の技術の評価

　「パインCube（改）」の製作後，自分が製作した製品の値段を設定するということを切り口に，ワークシートを活用した評価・活用の授業を行った。

図5　評価活用ワークシート

　PMIシートは，長所(Plus)と短所(Minus)，興味深い点(Interesting)を分けて書き出し，情報を整理・比較するために活用する表である。頭の中にある曖昧なイメージを整理することで，いろいろな角度から比較することができるようになり，班の中で対話的な活動を通して分析することにつながった。

5　まとめ・考察

　実習後に作成したレポートには，「木材を板から加工するのは初めてだったけど，自分が作りたいように作れてとても楽しかった。また今度家で材料をそろえて何か作りたいなと思いました。」「物作りにはたくさんの工夫が必要だと良く分かりました。」「作ることの楽しさ，しんどさ，達成感を感じた。やってよかったなと思った。」「作るのが大変でしたが出来た時の達成感がとてもありました。」などの感想があり，自分なりに工夫して製作品を設計・製作する喜びを体験させることができたと感じている。

　設計の際に最も難しいことは，生徒たちに部品サイズのイメージを持たせることである。模型を作らせるなどしても，なかなか実際の大きさを捉えることには結びつかない。本題材では，残りの材を実物に当て長さをはからせることで，誰もが部品サイズを自分で決定することができた。この方法は，設計に苦手意識を持つ生徒を指導する際にはとても効果的である。

　本題材では，一から設計を行うのではなく，基礎実習の完成品である「パインCube」に設計を付け加えるため，様々な制約が生まれる。当初は，制約が大きく，設計において工夫できる部分が少ないのではないかと危惧していた。しかし，写真2・3にあるように生徒たちはそれぞれに工夫して設計し，様々な「パインCube（改)」が生まれた。生徒たちの可能性を感じることができる最大の成果である。

　今後は，この題材を研究会等で普及し，若手教員に実践してもらいたいと考えている。実践報告をもとに改良を重ね，誰もが効果的な指導が行える題材としてブラッシュアップしていきたい。

（米澤　和善）

参考文献等

1) 【技術・家庭編】中学校学習指導要領（平成29年告示）解説

試作品の製作を活用して課題を見つけ解決策を考えよう
― シミュレーション模型材料を用いた試作品製作 ―

1 題材について

　「A材料と加工の技術」において，昨年度までの4年間は，ヒノキの1枚板を用いた作品製作を行ってきた。1枚板に罫書きを行い，部品加工や組立てを通して作品を完成させた後に，それを実際に使用する際にどんな課題があり，その課題を解決するためにどういった工夫をすることが出来るか考え，それを授業の中で発表したり，班で共有したりするといった授業を行っていた。しかし，実際に良いアイデアや意見が出てきたとしても，それを作品に具体化するといった所までは，授業時数や完成した後の工程として取り入れるのが難しく，自分自身での課題であった。

　その中で，新学習指導要領において「A材料と加工の技術」の改定事項の中に，課題の解決策を具体化する際には，3DCADや3Dプリンタを活用して試作させることも考えられるとあり，本題材製作の前に試作等を通じて解決策を具体化する力を身につけさせることの必要性も，新学習指導要領に示されているので，それを取り入れた授業実践を行えば，自分自身の課題も同時に解決すると考えた。そこで昨年度（1枚板授業実践4年目）に3Dプリンタを購入し，3Dプリンタを用いた試作品の授業実践に取り組んだ。

図1　本題材木工作品と3Dプリンタで製作したミニチュア版試作品

　３Ｄプリンタに生徒は高い興味関心を持っており，３Ｄプリンタを使って作品作りをしてみたい，という生徒が非常に多かったが，実際に授業で取り入れようとした時の課題が３点あった。

・３ＤＣＡＤを扱うための授業時間の確保。
・３Ｄプリンタで学年生徒全員の試作品を製作する時間の確保。
・３Ｄプリンタで試作品を製作する際の材料費。

　１点目の授業時間の確保に関しては，製図を教えた後に，使用するソフトの使い方や，実際にパソコン等を用いて製図をする時間をどう確保するのかという事である。２点目の試作品を製作する時間に関しては，実物のミニチュア版を製作する際に，１個あたり約15分の時間を要した。これを50分間の授業時間で考えると，最大でも３個ほどしか製作することが出来ず，また授業時間以外で３Ｄプリンタを稼働させたとしても，本校の今年度の生徒数（全校生徒約700人，各学年６〜７クラス，材料と加工の技術は，今年度は１年生約250人で実施）では，３日近く３Ｄプリンタを連続運転させる必要があるので，現実的に難しい。３点目の試作品を製作する際の材料費については，１人あたり何グラムまで使わせるか等年度当初に計画を立てないと，購入する際に材料費が足りなくなるという事が起こるので，年度当初の教科予算案を立てる際に考慮する必要がある。そういった課題点から，３Ｄプリンタの授業での活用方法に関しては，自分自身，今後も検討していく必要を感じているが，今年度は視点を変えて，３Ｄプリンタではない別の方法で，試作品の製作を活用して課題発見・解決策へのアプローチが出来ないか考えた。

　色々な材料で試作品の製作を行ってみたが，その中で「山崎教育システム株式会社」の「設計・製作シミュレーション模型材料」を活用した授業実践を紹介する。この教材を活用することで，新学習指導要領にある「（２）イ　問題を見いだして課題を設定し，材料の選択や成形の方法等を構想して設計を具体化するとともに，製作の過程や結果の評価，改善及び修正について考えること。」を達成することができると考えた。つまり，この教材を授業で活用することで，生徒一人一人が問題を見いだして課題を設定し，解決する力の育成が期待できると考えている。教材の特徴については，次項の「２　教材の特徴」で述べる。

2 教材の特徴

　この教材の材質は発砲スチロール材である。段ボールで試作品の製作も行ってみたが，その場合，課題が2点あった。

- ・段ボール自体が波形に成形した中心の両面にライナを貼ってある構造の為，カッターを使用して切断する際に切断面がつぶれやすい。
- ・切断面を接合する際に両面テープを使用したが，テープ自体の接着面が少ないため，すぐに接合部分が外れてしまう。

　段ボール材料自体は比較的安価で購入出来て取り組みやすいが，実際に段ボールで試作品製作を行うと，上記に挙げた課題点により，生徒一人一人が問題を見いだして課題を設定するという部分から，授業で実施するのは困難だと考えた。その中で，この教材は上記で述べているように発砲スチロール材なので，カッターで切断しても切断面がつぶれることもなく，材料取りが可能である。また，材料取りした部材を接合する際も接着面が十分あり，その切断面に対応する両面テープもあるため，試作品の接合や修正が容易である。また，図2にあるように表面は方眼印刷で，裏面は木目印刷されているため，繊維方向や材料取りの学習にも適している。また図3にあるように，表面の方眼印刷部分が目盛付きになっており，縮尺1/3の数値が表記されているので，1目盛を10mmとして材料取りを行えば，比較的取り組みやすく，本題材の3分の1の試作品を製作することが可能である。そして，大きな特徴として，接合部分が両面テープで接合しているため，検討と修正を繰り返し行うことができる。

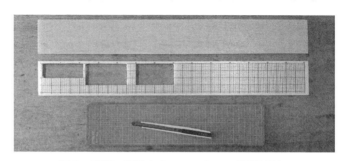

図2　設計・製作シミュレーション模型材料

　また，自分自身色々な木材を使用しな
がら授業実践を行ってきたが，年々アレ
ルギーなどで，この木材での実習は出来
ない，という生徒が増えてきているよう
に感じている。スギはもちろんのこと，
ヒノキやキリでもアレルギーとなる為に，
その都度個別にそれ以外の代替の木材を
注文して対応してきたが，木工室などの
同じ空間でその木材を使用して実習を行
っているというだけでも難しい生徒も出
てきているため，毎年，生徒の実情に合
わせて本題材で使用する木材の種類や難
易度等を考える必要がある。その中でこ
のシミュレーション模型材料は，縦が
210mmで横が1400mmの目盛が付いている
ため，1枚板や様々なキットにも対応し
ている為，試作品製作が可能である。

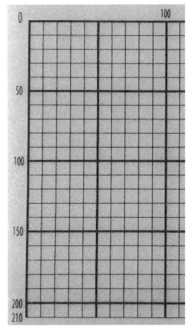

図3　目盛部分（縮尺1/3）

3　指導計画

　兵庫県では令和元年度に全日本中学校技術・家庭科研究大会を行った。その
為，新学習指導要領の全面実施に向けて3年間を見通した年間指導計画を，各
授業者を中心に各研究グループで検討立案を行った。その中で，兵庫県中学校
技術・家庭科研究会として，教科横断的な連携や社会・地域等との連携を意識
した年間指導計画を作成した。そのため，自分自身の授業の指導計画作成にお
いても，兵庫県版年間指導計画を基本とし教科等横断的な学びのつながりを意
識した年間指導計画を立てているが，その中で今回の「材料と加工の技術」に
関する部分のみの指導計画を表1に紹介する。今回のシミュレーション模型材
料を使用した試作品の製作は，3時間で授業実践を行った。1時間目に材料取
り，2時間目に切断・組立て，3時間目に評価・修正である。3時間目の評価・
修正では，4つの検討内容（耐久性，機能性，安全性，デザイン性）について
詳しく説明した後，最低でも1つ以上の観点から試作品の修正を行わせた。

表1 「材料と加工の技術」の指導計画（全25時間）

指導事項・指導時数	学習内容・項目等	教科等横断的な連携 社会・地域等連携
身近な製作品 目的・問題の設定 （2時間）	・身の回りにある製品について A(1)イ	・家電量販店チラシ ・家具店チラシ
材料の特性について （2時間）	・材料の特性等の原理・法則について A(1)ア	・中学校理科 （身の回りの物質） ・小学校理科 （金属，水，空気と温度）
加工の特性について （2時間）	・加工の特性等の原理・法則について A(1)ア	
製作に必要な図について （4時間）	・等角図 ・第3角法 ※キャビネット図は新学習指導要領において内容から削除されたが，製図の関連性等から教えている。	・中学校数学 （空間図形の見取図，展開図，投影図） ・小学校算数 （立方体や直方体，円柱や角柱の見取図や展開図）
試作品の製作 （3時間）	・罫書き，材料取り ・切断，組み立て ・試作品の評価，及び改善修正 A(2)イ，A(3)ア	・小学校図画工作 （工作に表す活動）
本題材の製作 （10時間）	・木材加工作品製作実習 （罫書き，切断，部品加工，組立て，仕上げ，塗装） ・発表（自己評価と相互評価） A(2)ア，イ	・中学校美術 （表現） ・小学校図画工作 （工作に表す活動）
社会の発展と材料と加工の技術 （2時間）	・技術の概念の理解 ・技術の評価，選択，管理，運用，改良，応用について A(3)ア，イ	

　上記の表の項目に関しては，先にも述べたように，兵庫県中学校技術・家庭科研究会が中心となって作成した，3年間を見通した年間指導計画（兵庫モデル）の項目に合わせたものである。

4　授業内容

（1）試作品の製作

　指導計画の中にあるように，試作品の製作を3時間で計画して実施した。1時間目に，シミュレーション模型材料の表面（方眼印刷）に罫書きを行わせた。さしがねとサインペンを使って罫書きを行い，罫書きが終わった後，図4のように，カッターとカッターマットを用いて部品の切断を行った。

図4　シミュレーション模型材料を用いた材料取りの様子

　2時間目に切断した各部材を，両面テープを用いて組立てを行わせた。両面テープはシミュレーション模型材料の厚みに合わせた両面テープが付属されているが，それに加えて図4にあるように，こちらでも別の両面テープも準備した。そして組立ての際には，組み立てる順番や，裏面の木目印刷の繊維方向等を考えさせながら，組立てを行わせた。

　3時間目は，修正する際に検討する必要がある4つのポイント（耐久性，機能性，安全性，デザイン性）について説明し，最低でも1つ以上の観点について考慮した試作品の製作を行うように指導を行った。完成した試作品については，班の中で相互評価できるように授業計画を立てていたが，コロナウイルス感染症対策の関係から，今年度の実施は見送り，本題材の製作につなげた。

（2）本題材の製作〜鋸挽きまで〜

　試作品が完成した後，図5にあるように，アレンジを行った試作品をもとにパイン集成材を用いた本題材の製作を行わせた。罫書きを行う際に試作品と同じように木材に罫書きをする必要があるため，その点に対して十分意識するように授業の中で指導を行った。

図5　試作品をもとに木材に罫書きをしている様子

　罫書きが終わった生徒から木材の切断を行うが，コロナウイルス感染症対策の関係から，木工室内ではなく木工室外のベランダスペースを用いて一列で同じ方向を向かせて鋸挽きを行わせた（図6）。ただし，木材を切り終える時は，図6のように，友人に板を押さえてもらい，板が欠けるのを防いでいる。

図6　コロナウイルス感染症対策でベランダスペースで鋸挽きをしている様子

5　まとめ・考察

　令和３年度から新学習指導要領完全実施において，移行期である令和元年度入学，令和２年度入学の生徒の学びに関して，試行錯誤を繰り返しながら日々授業実践を行っている。その中で，材料と加工の技術においては，試作というキーワードが重要であると考え，重点的に取り組んできた。その中で今回紹介しているシミュレーション模型材料は，本題材製作に必要な機能や構造を検討し，構造の問題点の整理や修正が容易であるという点が優れていると感じた。具体的には，実際に４つの観点で修正を行わせる際に，最初はデザイン性を取り入れた試作品を製作している生徒が多かったが，実際に試作品を完成させた後に，デザイン性を優先すると耐久性が下がったり機能性が悪くなったりするという点に気付く生徒が増え,その点を再考し試作品の修正をしようとする際,このシミュレーション模型材料は，各部材の取り付けや取り外しが両面テープで接合してあるので,修正に時間がかからないという点が優れていると感じた。その点は，３Ｄプリンタで製作した試作品では容易に出来ない点である。逆に，その接合のしやすさが課題点でもあると授業実践の中で感じた。しっかりと部材同士を接合していなければ，すぐに部材が外れてしまい，次の授業の時には試作品が壊れてしまっている（部材がいくつも外れている）という点が多々見受けられた。その点は，シミュレーション模型材料を使用して試作品製作を行う上での今後の課題であると感じている。

　新学習指導要領完全実施に向けて「材料と加工の技術」以外でも研究を行いながら授業実践に現在取り組んでいるが，自分自身が授業づくりをする上での根底にあるものとして，「技術科の授業において，ものづくりの楽しさを生徒全員に体験させたい」という思いがずっとあり，これまで授業を行ってきた。授業時数や各学校の施設や設備，また予算等の関係で出来ることは限られているが，だからこそ，その中で最大限何を生徒たちにさせてあげることが出来るのか，常に考えながら生徒の成長に繋がるような技術の授業を今後も行っていきたい。

（熊倉　誠）

参考文献等

1)　中学校学習指導要領解説（文部科学省）
2)　第58回全日本中学校技術・家庭科研究大会（兵庫大会）研究紀要

―第4節―

試作模型を通した問題解決的な学習

― 規格材を用いた設計・製作に向けて ―

1 題材について

「材料と加工の技術」の本質を理解することで生活における適切な選択を行い，生活や社会上での問題を見出し，その解決に向かうとともに過程を踏まえながら，更なる問題解決につなげる。個々の生活スタイルに合わせた生活上での課題を見つけ，その最適な改善策を考え，設計・製作することでその問題解決を図る。検討においては，ペア活動やグループ活動を主とした「主体的・対話的な」学びを行うことで，多面的に物事を捉え，より緻密な構想を考えることができる。

ものづくりの歴史・伝統にも触れつつ，最新の技術を取り入れるとともに，生活をよりよいものに創意工夫する資質・能力を育むことが求められている。その中で，日本の技術や手づくりの良さを継承し，さらに広げていかなければならない。「生活や社会を支える技術」について理解を深め，実践的・体験的な活動を通して，その技能の習得に努めていくことが必要である。

規格材やキットの家具などが普及している現代において説明書や設計図といった製作者の意図をくみ取り，処理する能力を身につけさせ，さらに創造する力を身につけさせたい。そして，キャリア教育の視点から，生徒一人ひとりが社会的・職業的自立に向けて「身につけた技術を生かす力」を伸ばし，日常の生活に生かせるよう導いていかなければならない。

2　教材の特徴

（1）教材のポイント

　身の回りの収納における課題を見つけ出し，その解決方法を試作・検討し，具体化することで生活や社会での便宜性を知る。個々のニーズに合わせた物品の形状や寸法について「環境的側面」「社会的側面」「経済的側面」を踏まえ，試作・改善を行い，製品に必要な工夫を検討する。また，その検討によって，重視する視点に順位付けを行い，最適化を図る。

　試作では，スチレンボードによる簡易模型を用いることで問題点の整理や修正を安易にし，変更点をすぐに反映でき，次の検討につなげることができる。紙面上だけの構想における問題点を立体模型にすることでそのイメージを具体化でき，より最適な解決方法を考えることができる。

（2）教材の評価目標

・製作者の意図をくみ取り，規格材・キット材の利便性を知る。

（知識・技能）

・木材や金属，プラスチックといった従来の素材に加え，現代の技術革新における新素材の開発や新たな加工方法についても考え，その有効性を考える。

（知識・技能）

・生活上の問題点を考え「環境的側面」「社会的側面」「経済的側面」を踏まえ，技術的に解決を行う。

（思考・判断・表現）

・自らの生活を振り返り，その設計・製作によって，生活をより良いものにしようとしている。

（主体的に学習に取り組む態度）

・自らの課題に向けて，他の意見を取り入れ，解決しようとしている。

（主体的に学習に取り組む態度）

3 指導計画

表1　題材の指導計画

学習項目	指導内容・手順等	指導上の留意点
材料の特徴，構造について （3時間）	・様々な材料の性質，構造について知る。 ・構造を丈夫にする方法を知る。	・材料の長所や短所について考えさせ，生活の中で用いられている意味を考えさせる。
課題の発見，設定 （2時間）	・生活上の収納における課題を見つける。 ・解決方法を考え，課題設定をする。	・身の回りを振り返り，整理したいものを考えさせる。 ・実際に整理したいものの寸法や数量をあらかじめ調べさせる。
課題解決の構想 （1時間）	・課題解決に向けての構想を考える。（スケッチ） ・機能をスケッチに記入する。	・自由にスケッチで構想を考えさせ，その機能についても考えさせる。
試作模型の製作 （2時間）	・スチレンボードを用いて模型の製作を行う。 ・構想の仕組みを具体化する。	・スケッチを参考に製作を行うが，製作途中で他の最善策があれば，表現させる。
試作模型の比較，検討および修正 （1時間）	・社会的側面，環境的側面，経済的側面から比較・検討する。 ・「トレードオフ」について知る。 ・製作品の構造，機能を検討する。	・他の意見を取り入れ，そのメリット・デメリットを上げ，最適な方法を考えさせる。 ・市販のキット材の紹介をし，参考にさせる。
製作に向けた設計図の作成 （2時間）	・試作模型を等角図及び第三角法による正投影図に表す。 ・工程表，材料取り図，部品表を作成する。	・既存製品の組み立て説明書を見せ，製品本来の設計図を参考に必要な図，表をかかせる。

　自らの課題を考え，その解決に向けた製作を行う。課題設定から製作までの過程を様々な視点から考え，段階的に具体化していき，さらに長所や短所を考えることで折り合いを付け，最適化を行う。消費者のニーズを意識し，より利便性の高い製品の製作を行う。

4　授業内容

（1）模型製作時の授業展開（1時間目／2時間）

	学習活動	●教師の指導・支援	○指導上の視点 ◎評価方法
導入	1.前時の振り返り ・製品の選択理由を確認。 ・家具製品の設計図，製作図の意味を考える。	●どんな理由で構想を行ったのか，行うのかを問う。 ●設計図の意図をくみ取れたか確認する。 ●現代の技術革新による製品の利便性について確認させる。	
展開	2.課題を把握する。		
	構想を試作し，より最適な製作品を作ろう		
	3.スチレンボードによる模型の製作。	●どのような工夫ができるか考えさせる。 ●設計時には気づかなかった問題点はないか確認させ表現させる。 ●材料取り時の繊維の方向などを問いかけ強度を意識させる。	○日常の生活を振り返り，問題点を見つけようとしているか。 ○既習の知識を意識し，製作につなげようとしているか。 ◎構想を適切な模型として表現できている。 （思考力，判断力，表現力等）

	4. グループで意見を確認する。	●班員の意見を聞き，工夫できる点をワークシートに記入させる。	○模型との対話，班員との対話を適切に行っているか。 ◎班員の意見を聞き，取捨選択することで最適化を図っているか。 （学びに向かう力，人間性等）

○班のみんなで意見交換をしよう

班員	どういう工夫が出来るか	デメリット	採用(○・×)

まとめ	5. 本時の振り返り 視点を絞って，作品に取り入れられるものとそうでないものを見極める。	●自らの課題に必要か，不必要か考えさせる。 ●「経済」「安全」「環境」の面から考えるよう促す。	

「トレードオフ」について触れ，次時の改善につなげる。

（2）授業の具体的な流れ

◇問題と解決方法の、構想をスケッチしよう。（言葉を使って説明してもよい。）

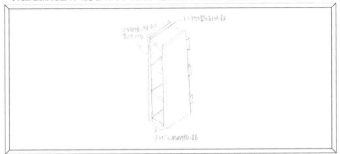

図1　構想の自由スケッチ

試作模型を通して様々な視点から改良を加え，製作図を作成する。

図2　試作模型

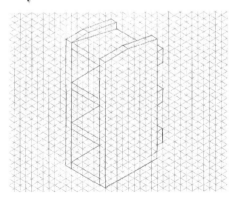

図3　改良を加えた構想の等角図

（3）ワークシートの工夫

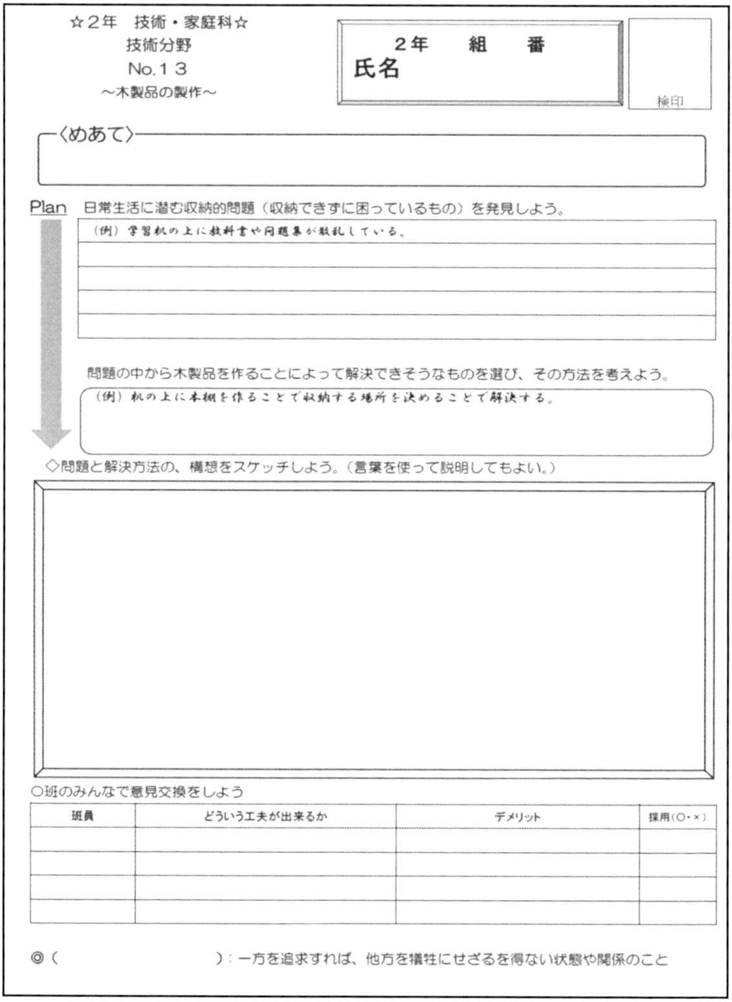
☆２年　技術・家庭科☆
技術分野
No.１３
～木製品の製作～

２年　組　番
氏名

検印

〈めあて〉

Plan　日常生活に潜む収納的問題（収納できずに困っているもの）を発見しよう。

（例）学習机の上に教科書や問題集が散乱している。

問題の中から木製品を作ることによって解決できそうなものを選び、その方法を考えよう。

（例）机の上に本棚を作ることで収納する場所を決めることで解決する。

◇問題と解決方法の、構想をスケッチしよう。（言葉を使って説明してもよい。）

○班のみんなで意見交換をしよう

班員	どういう工夫が出来るか	デメリット	採用（○・×）

◎（　　　　　　　）：一方を追求すれば、他方を犠牲にせざるを得ない状態や関係のこと

図４　「PDCA サイクル」を認識するワークシート

授業での「PDCA サイクル」と製作における「PDCA サイクル」を意識させ，本時がどの段階に当たるのか認識しながら授業を進める。ものづくりのための問題解決の流れを知ることで，より効率よく製作を行い，作業の効率化を図る。

さらに，これを繰り返すことにより，時間内によりよい製作を行うことが目的である。これは，「キャリア教育」の視点からも社会的・職業的自立に向け，企業等で求められる資質能力であると考える。

5　まとめ・考察

　著しい技術革新の中で，安易かつ安価で収納家具が手に入る。また，様々な素材の規格材も販売されており，その適切な活用能力は現代を生きる私たちにおいて身につけていかなければならない。こうした中で，技術の授業を通してものづくりの歴史・文化を知り，次代に継承していくことが求められているのではないか。

　本題材では，手作りの温かみを再認識し，製作者の意図を読み解き，製作図・設計図の緻密性・重要性を感じさせたい。また，自らの生活上の課題を見つけ，その適切な解決方法を考え，創作意欲を向上させたい。そのために，「自分で考え」，「意見をまとめ」，「共有する」といったグループ活動の段階的な学習を用いる。また，話し合い活動を活発にするために，モノ（製品）との対話や他者との対話を重視し，多面的かつ多角的に物事を捉えることが大切であると考える。さらに，最新の技術を知り，活用する，「より実践的な態度」を養っていかなければならない。

　技術は「人間の夢を叶えるもの」であり，その可能性は無限大である。生徒一人ひとりの豊かな想像力を引き出し，実現させ，未来に生きる技術を創り上げていくことが，更なる「日本の技術」の進歩につながるのではないだろうか。

（木下　大和）

参考文献等
1)　中学校学習指導要領（平成29年告示）解説　技術・家庭編（開隆堂出版）
2)　設計・製作シミュレーション模型材料（山崎教育システム）
3)　パイン13（山崎教育システム）

一第5節一

思考力を育てるブリッジコンテスト

1 題材について

　中学校学習指導要領解説技術・家庭編では，材料と加工の「技術の見方・考え方」として，生活や社会における事象を，材料と加工の技術との関わりの視点で捉え，社会からの要求，生産から使用・廃棄までの安全性，耐久性，生産効率，環境への負荷，資源の有限性，経済性に着目し，材料の組織，成分，特性や，組み合わせる材料の構造，加工の特性等にも配慮し，材料の製造方法や，必要な形状・寸法への成形方法等を最適化することなどが考えられることができる。指導内容の(1)生活や社会を支える材料と加工の技術について調べる活動などを通して，次の事項を身につけることができるよう指導する。ア.材料や加工の特性等の原理・法則と，材料の製造・加工方法等の基礎的な技術の仕組みについて理解すること。イ.技術に込められた問題解決の工夫について考えること。と記載されている。以上のような内容から，ブリッジコンテストは，材料の組織・特性や材料の構造による耐荷重の違いについて，実践的体験的に学習する題材である。

2 教材の特徴

（1）2次元ブリッジコンテスト

　3次元の橋は自立するので強度試験は比較的容易に行うことができる。一方，側面に使用する橋を2つ製作する必要があり，完成までの時間がかかる。2次元（片面だけ）の橋を製作させ，強度試験のときは橋が自立しないため試験台を用いて行う。このことで，授業時間内で設計から振り返りまで限られた時間内でブリッジコンテストを行うことができる。

（2）「軽くて強い橋」を製作する課題

　各自が考えたアイデアをもとに話合い1つの橋を設計し，グループに配布した材料で製作する。そして，強度試験は荷積載量を自重で割った割合で競い合うため，軽くて強い橋を製作するための創意工夫することが望まれる。

（3）パフォーマンス課題

　パフォーマンス課題とは，リアルな文脈の中で，様々な知識やスキルを応用・総合しつつ何らかの実践を行うことを求める課題である。具体的には，レポートや新聞といった完成作品や，プレゼンテーションなどの実技・実演を評価する課題である。

3　指導計画

　設計における「構造の工夫」を1時間と「ブリッジコンテスト」を3時間の計4時間で計画し実践した（表1）。

表1　題材の指導計画

学習項目	指導内容・手順等	指導上の留意点
構造の工夫 　じょうぶな構造 　三角構造 　断面の形と強さの関係 （1時間）	・牛乳パックを使って，四角形構造を強くする実験をする。 ・製作品をじょうぶな構造にする方法を知る。 ・ブリッジコンテストの概要説明し，パフォーマンス課題を出題する。	・実験を通して，じょうぶな構造に対する興味を持たせる。
橋の設計 （1時間）	・各自が考えた橋のアイデアをもとにグループで橋の設計をする。	・限られた材料内で製作できるよう設計させる。
橋の製作 （1時間）	・グループで役割分担し，考えた設計図に従い橋を製作する。	・材料の接合面に注意しながら接着剤で接合させる。
強度試験と振り返り （1時間）	・グループごとに工夫した点などを説明した後，強度試験を行う。 ・グループごとの強度試験の結果をまとめる。 ・自分たちが製作した橋と他のグループの違いや改善点について，ブリッジコンテストの振り返る。	・グループごとに橋の特徴を気づかせる。 ・強度試験から橋の強度を確認する。 ・他のグループの強度試験を観察し，橋の構造についての理解を深めるさせる。

準備物：ノートパソコン，強度試験装置

グループ準備物：鋼尺，直角定規，カッターナイフ，カッティングマット，紙やすり，
　　　　　　　　瞬間接着剤

4 授業内容

（1）構造の工夫

　牛乳パックをカッターナイフで40mmに切断し，セロハンテープで牛乳パックと厚紙（15mm×210mm）を接合する（図1）。完成後いろいろな方向から力をかけ，変形のようする観察させたり，強度を体験させる（図2）。

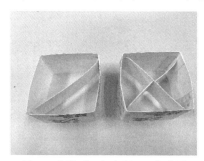 

図1　牛乳パックを利用した実験　　**図2　じょうぶな構造を考える**

（2）パフォーマンス課題

　　　　　ブリッジ・アイデア・コンテストに参加しよう！

　あなた方は、○○市役所が主催する○○川橋建設の運営委員会から、生活や社会、環境を考えた橋を架けるためのアイデアの募集に参加することになりました。よりよい生活や持続可能な社会を構築に向けての内容項目は、以下の①②③の項目です。
　①橋の使用目的と使用条件についての最適化を考える
　②社会的、環境的、経済的、文化的などの側面から材料、使いやすさ、
　　じょうぶさなど
　③新たな発想における改良と応用
　　※この用紙に、アイデアを図など用いてプレゼンしてください。
　　※構造や木材の強度など学んだことを生かして設計してください。
　　※材料はバルサ材で４mm×４mm×３００mmを４本とします。

図3　パフォーマンス課題

　構造の工夫で，じょうぶな構造・三角構造・断面の形と強さの関係について構造の基本的な知識を理解したあとに，ブリッジコンテストのプレゼンテーションを生徒に見せる。その後，パフォーマンス課題のワークシートを生徒に配布し，プレゼンテーションの仕方などを説明する（図3）。

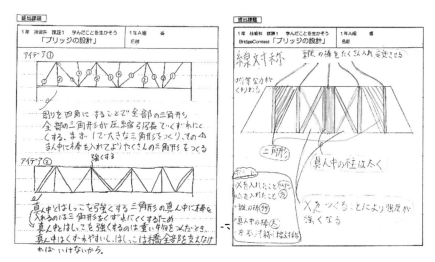

図4　パフォーマンス作品

　構造についての知識やスキルを活用してパフォーマンス作品を作成する（図4）。その作品には，トラス構造や自ら考えたアイデアが多く含まれている。

　作品については，ルーブリックを活用して3段階で評価する。評価する際，3段階に対応する典型的な作品例（アンカー作品）を整理して，アンカー作品を基準に評価していく。

　ルーブリックとは，成功の度合いを示す数段階程度の尺度と，尺度に示された評点・評語のそれぞれに対応するパフォーマンスの特徴を記した記述語から成る評価基準表である。ルーブリックは，自由記述問題やパフォーマンス課題など，○×で 評価できない評価法で採点指針として用いられている。

　生徒各自のパフォーマンス作品をルーブリック（表2）を活用して3段階で評価する。

表2　ブリッジコンテストのルーブリック

レベル	記　述　語
A	図を使って説明し，相手を意識してわかりやすく伝える工夫が見られる。トラス構造や断面の強さを含んだ，新たな発想等を文章で説明している。
B	図を使って説明している。トラス構造と断面の強さを文章で具体的に説明している。
C	図を使って表現していない。トラス構造のみを使って文章で説明している。

（3）橋の設計

　各自が考えた橋のアイデアをもとにグループで構造の工夫や強度などについて意見を出し検討することから，主体的・対話的な学びが生まれてくる（図5）。その後，「軽くて強い橋」の設計を行い，製作図を作成する。

図5　設計を検討する

（4）橋の製作

　製作図をもとに材料となるバルサの長さを測り，カッターナイフで切断する。接合面は接着面積をかせぐため，材料のつなぎ目を紙やすりできれいにすると接着面積が広がる。その後，製作図の上に部品を並べ瞬間接着剤で接合する（図6・図7）。その際，作業がスムーズにできるためグループ内で役割分担を行って作業を行う（表3）。

図6　製作の様子

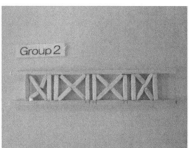

図7　完成した橋

表3　役割分担表

工　程	作　業　内　容	道　具　等
けがき	製作図をもとにバルサにけがきをする	鋼尺，直角定規
切　断	バルサをけがきとおりに切断する	カッターナイフ
部品加工	切断面を紙やすりで研磨する	紙やすり
組立て	部品を製作図の上に置き接着剤で接合する	瞬間接着剤

（5）橋の強度試験

　試験台のスリットに製作した橋を挿入しセットする。スリットの遊びがほどほどにあり，製作した橋が多少いびつであってもセットできるようにしてある。それによって生徒が自分たちで強度試験を行えるようになっている。本をおもりにした紐で一点荷重なので揺れが生じる（図8）。静荷重でありつつ，動荷重の要素も混じった試験方法となり，積載荷量を物理量に直すための測定精度が落ちる。しかし，生徒自身が簡単にセットして強度試験できることは利点である。

　今回のコンテストでは，同じ材料だが設計によって大きな違いが見られた（表4）。

図8　強度試験

表4　強度試験の結果

Bridge Contest

	橋の重さ(g)	積載重量(g)	耐えた重さ／橋の重さ	順位
1班	2.7	2,770.0	1,018.4	3
2班	2.5	5,092.0	2,036.8	1
3班	1.9	964.0	499.5	4
4班	2.5	3,720.0	1,488.0	2
平均	2.4	3,136.5	1,300.1	

（6）振り返り

　生徒が授業で学んだことを自分なりに意味づけすることにより，新たな自分を発見し自分自身の興味・関心に自信をもつことになる。また，他のグループの強度試験を見ることによって，新たな発見をする場面もある。

　そして，学びを深めるためにブリッジコンテストの写真やコンテスト結果をまとめたワークシートを配布し，資料をもとにじっくりと時間をとり学びについて振り返らせる（図9）。

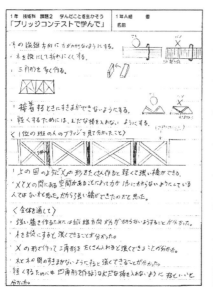
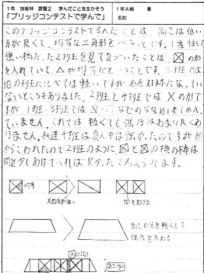

図9 振り返りシート

5 まとめ・考察

　ブリッジコンテストは，材料と加工の学習の導入として，牛乳パックを用いた構造実験や断面の形と強さの理解に対して有効であった。また，ブリッジの製作の中で，学んだ知識を取り入れて創造的なアイデアを展開できた。個々のアイデアをグループで共有し共同作業することから学びが深まったと推察できる。このことから，ブリッジコンテストを題材として学習させることは，意義深いものであることがわかった。製作品の構想・設計や木材による製作に対しても同様の効果が見られると期待できる。

　　このように，パフォーマンス課題を設定した授業展開をすることで，授業における学習内容が深まるとともに生徒の思考力や表現力が向上したと考えられる。今後，各内容の指導内容を検討しパフォーマンス評価を取り入れた授業を展開していきたい。

（丸山　敏夫）

参考文献等

1) 文部科学省：中学校学習指導要領(平成 29 年告示)解説技術・家庭編，開隆堂出版（2018）

2) 森山潤・菊池章・山崎貞登：イノベーション力育成を図る中学校技術科の授業デザイン，ジアース教育新社（2016）

3) 西岡加名恵・石井英真：教科の「深い学び」を実現するパフォーマンス評価「見方・考え方」をどう育てるか，日本標準（2019）

4) 沼田和也：中学校の授業で実施した「ブリッジコンテスト」，土木学会誌 Vol83，No9，pp. 49-50（1998）

5) 沼田和也：中学校におけるブリッジコンテストを技術教育として意味ある展開にする，　技術教育研究 76 号, pp. 49-55（2017）

6) 梅野貴俊・高橋典弘・下戸健：2 次元ブリッジコンテスト教材の開発，日本産業技術教育学会九州支部論文集第 23 巻 15-19（2015）

7) 原田信一・丸山敏夫：中学校技術科における思考力・判断力・表現力を育む評価について，京都教育大学紀要 No137（2020）

－第6節－

「生徒に育てたい心と技能」再考

1　はじめに

　昭和 61 年に技術科の教員をスタートさせ，29 年間授業を行ってきた。ここ数年は授業を行うことはなくなったが，授業を参観したり，研修会に参加したりと若手教員の成長ぶりに感心をしているところである。

これまでに，学習指導要領の改訂を 3 回経験し，都合 4 つの学習指導要領のもとで授業を行ってきた。昭和 52 年の学習指導要領では「ゆとりある充実した学校生活の実現＝学習負担の適正化」，平成元年では「社会の変化に自ら対応できる心豊かな人間の育成」，平成 10 年では「基礎・基本を確実に身に付けさせ，自ら学び自ら考える力などの［生きる力］の育成」，平成 20 年では「「生きる力」の育成，基礎的・基本的な知識・技能の習得，思考力・判断力・表現力等の育成のバランス」が求められてきた。その都度 10 年後の姿を追い求めるものであった。

　授業時数は当初，第 1・第 2 学年が週 2 時間，第 3 学年が週 3 時間設定で年間授業時数は，第 1・第 2 学年が 70 時間，3 年学年が 105 時間であった。内容は，木材加工 1・2，金属加工 1・2，電気 1・2，機械 1・2，栽培の 9 つが設定されていた。男女別修であったため，技術科での学習はかなりのボリュームがあったと記憶している。題材を列挙すると，本立て・角椅子・ちり取り・文鎮・蛍光灯スタンド・エンジンの分解組み立て・自転車の補修・菊の三本仕立て等々，かなりの題材が設定されていた。その後，男女共修とともに実質の授業時間が大幅に削減され，現在に至っている。一時期選択教科が設定され，全員ではないが技術科を選択する生徒への授業も実施されていた。

　技術科における題材は，時の学習指導要領の趣旨に沿ったものであることは間違いない。しかし，指導する側にどのような思いがあるのかが重要になってくる。現在，教材研究の中でどれだけ題材研究をしているのだろうか。教師の思いや工夫，キットに頼らないものがどれだけあるのだろうか。かなり懐古的になってしまうが，私なりの題材観を述べたいと考える。

2　ものづくり教育の位置づけ

　かつて「ものづくり教科の嚆矢」を研究したことがある。明治時代に「手工科」が設置された経緯を調べた。1886（明治 19）年に尋常小学校に架設されている。目的は，富国強兵・殖産興業の一助であったが，その後，当時の教師は子どもたちに，ものづくりを通して，心・情・意・体を身に付けつけさせようと考えていた。最先端の知識や技術を身に付けさせる目的だけでなく，ものづくりのもつ意味をしっかりととらえ，他の教科と同様の一般陶冶の要素を見出していた。

　昭和 33 年に技術・家庭科が誕生して以来，技術分野の内容は社会情勢に呼応する形で変化をしてきた。工業社会の担い手になるべく要素も含んでいたが，生活に必要な知識と技能を身に付けさせることが目標とされてきた。「ものづくり」を通して実践的な態度を身に付けることがその根底にはあったと考えられる。テクノロジーを前面に出し，最先端の技術に触れることやその技術を評価していく力を身に付けさせることは大切なことではあるが，人間にしかできないものづくりの本来の意味を付加していく必要も大いにあるのではないか。かつて新聞記事を依頼された折りに次のような投稿をした。「ものづくりはいろいろな知識を統合する場であり礼儀作法や忍耐といった態度的なもの，工夫創造する審美的なもの，友だちと協力して作業することによる連帯感や協調性等々を養うものであると考えられ，実践され効果を上げていました。ものづくりの意義は今昔を問わず価値あるものだと思います。」
今でもその思いは変わらない。

<2001. 12. 12 中日新聞より>

3 こだわりの題材設定

　題材をどのように設定していくのかを熟考することは大変重要である。教科書に掲載されているものはあくまでも参考例である。学習内容を吟味し，題材の中にどのように落とし込んでいくかが大切である。それにより指導計画を作成し評価規準を設定していくのが手順であろう。題材のヒントはあらゆるところに存在する。書物もしかり，人との出会いもしかり，いかにヒントを題材と結び付けていくかは授業者の感性のなせる業であると考える。片岡徳雄氏が「感性とは価値あるもの気付く感覚である」と述べているが，題材にどのような価値を与えていくかは授業者によるところが大きいのではないだろうか。まずは真似ること，そして改良する中で新しい題材を考えてみることをお勧めする。

（1）お盆づくり

　「一枚板から生活に必要なものを作ろう」というテーマでお盆づくりを題材として取り上げた。設計から製作で止まらず，使用したレポートまでを題材とした。基本形を提示した後，生徒の家庭での使い方を考慮した設計を行い，使用を目的としているため，使った様子や感想，改善策をレポートすることでものづくりの醍醐味を味わせることができた。

　この題材を取り入れる以前は，「一枚板からものを収納するものを作ろう」をテーマとした題材を設定していた。生徒の自由な発想で各々がさまざまな作品を作り上げることができた。しかし，技能の差による完成度のばらつきが課題であった。そこで，基本形を提示することで製作途中での課題を共有することができ，学習内容の定着を促す結果となった。また，生活の中で使用する頻度が高く，家族が毎日のように目に触れる機会が多いことで製作の喜びを持続させることができたことも効果の一つとなった。

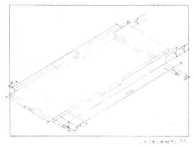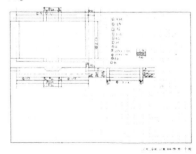

<生徒の製図（等角図と第三角法による）>

＜家庭で使用した後のレポート＞

（2）あんどんづくり

　照明器具の製作と木材加工の融合題材として，「明かりを楽しむ」ことを意図とした題材である。加工のしやすい杉材を使用し，40W の白熱電灯を配線したものである。明かりを楽しむためには，影の有効活用を考えることが必要になってくる。スイッチを入れたときにできる光と影をいかに作り出すのかを考えるところに面白さがあった。

　素材を杉にすることで，加工がしやすく木目を生かすことができた。バーナーを使い焼杉を行い，風情のある作品もあった。

＜複合題材あんどんの生徒作品＞

（3）キーホルダー，ペーパーウエイトづくり

　ひたすら金属をヤスリで削る。とことん金属の光沢を出すまで磨く。傷一つないぴかぴかの作品ができあがったときの生徒の顔は忘れられない。粘り強さ，緻密さへのこだわり，自己統制力等々これからの技術科の目指すところとなるのではないだろうか。

　金属加工のよさは，木材と違い加工が難しいが，丈夫なものができるところにある。かつては亜鉛メッキ板によるちり取りや状差し，金属棒から鍛造と焼き入れを施したドライバーづくりを行っていた。しかし，時間減少によりなかなか取り入れられなくなったが，金属との関わりは生徒の今後の生活の中でかなり少なくなると考え，敢えて題材として取り入れた。

＜真鍮材を用いたキーホルダー，文鎮の生徒作品＞

4　ものづくりの楽しさを味わえる題材

　これまでは，技術科の授業の中で行ってきた題材であったが，今から示す題材は，かつてあった選択授業の中で行った題材である。選択授業は，現在行われている「総合的な学習の時間」が導入されるまで行われており，生徒が自分の興味関心に基づいて設定されている教科を選んで学ぶという形態のものであった。週1時間の設定であったが，興味関心が高い生徒が多いため，題材設定もかなりこだわりが強いものとなった。したがって，試行的な要素も多々あり，授業者の思いが強いものであるが，何かの参考になればよいと考え提示する。

（1）杉材を使ったベンチづくり

　杉の角材を使用し，のみを使った接合やボルトとナット，コーススレットを有効に使い，大型の作品を製作した。生徒はのみを砥石で研ぎ，道具の切れ味によって作業の効率や加工精度が向上することを実感することができた。また，建具屋さんをゲストティーチャーとして招き，その作業を実際に見ることによって本物への憧憬も垣間見ることができた。

　材料は，製材所のご厚意で安価で一人当たりの材料も多く，作り直しも可能なものであった。

<製図>　　　　　　　<のみを研ぐ様子>　　　　　　<長椅子>

（2）2×4材を使ったいすづくり

　ホームセンターで手軽に入手できる，2×4のホワイトウッド材を使用し，大胆に大型の作品を製作することで，満足感と次の製作意欲をかき立てることができた。

　この題材は，DIY ができる環境が整いつつある昨今，ものづくりをより身近にすることが大きなねらいであった。切断は両刃のこぎりを使用したが，接合はほとんど電動工具を使用した。設計図もラフなアイデアスケッチ程度で，現場合わせ的な作業であったが，作り直しができ，試行錯誤を繰り返す中で，技術的な思考力の高まりもあったと考える。

<2×4材による椅子>　　　　　　<試行錯誤する作業風景>

（3）漁具づくり

　地域素材を題材として，昔の漁師の弁当箱，漁網，釣り竿の製作をおこなった。漁師町の生徒においてもなかなか新鮮な題材であったと感じた。

　生徒の祖父母や地元の釣具店，建具屋の協力を得て授業を展開した。生徒が取材をし，仲間に伝え作業を行ったり，実際に授業に参加してもらい釣り竿の作り方を教授してもらったりと，かなり深みのある内容となった。メインは杉

材を用いた道具箱づくりであったが，地域に根差したものづくりの授業ができたと確信している。製作した釣り竿を使って釣り上げた魚の写真を見せてくれた生徒の笑顔は格別であった。

＜漁網づくり＞　　　　　＜道具箱＞　　　　　＜釣り竿＞

（4）箱作り

薄板を利用し，蓋付きの箱をつくり，人口漆を施す題材を設定した。筆箱であったり，書類ケースであったり文房具を自作することを行った。百円均一の店に行けば手軽に入手できるものをあえて手作りすることで，味わいのある無二の作品に生徒は満足顔であった。

＜漆を施した箱＞

（5）箸づくり

道具の使い方の一環で，かんなをじょうずに使用するための教材として箸づくりをおこなった。材料は技術科の授業で使ったヒノキの端材を1cm角に製材したものを使用した。

専用の教具（教師の自作）を使い廃材を利用して箸をかんなで削っていくものである。じょうずにかんなを使うためには，木材の繊維を意識しないといけないことに気付くことができるなど，道具との出会いだけでなく，木材の性質にも踏み込むことができる題材となった。

仕上げにクルミをつぶしてでた油を塗り完成。自分で作った箸での給食はおいしかったことと思う。

　　　　＜ヒノキ材＞　　　　　＜箸づくりの教具＞　　　　＜完成した箸＞

5　おわりに

　本年度赴任した学校で，家庭科の教師となったかつての教え子と再会した。これは偶然のことであるが，先に紹介したお盆作りで示した設計図を書いた生徒である。「まさかあの時のお盆はもうないよね。」と問いかけると「ありますよ，よく使ってました。」と当時を振り返ってなつかしがっていた。「出来上がりと製図が違ってたんですよね。塗装をしっかりやったことを覚えています。」と記憶が互いによみがえった。15年ほど前の授業であるが，生徒にとって印象に残るものであったことにうれしさがこみ上げてきた。

　学習内容は学習指導要領によることは当然であるが，どのように学習内容を教授していくかは担当者の裁量である。したがって，「どのように」の部分が最も大事であり，授業者の思いが込められる題材の設定が重要であるということである。「○○を通して□□を育む」ためには，題材開発を率先しておこなっていく必要があると考える。

　ものづくりを中心に述べてきたが，「情報に関する技術」に関しても同様のことが言えるのではないだろうか。かつては，学校に置かれていたパソコンは最新鋭のものであり，家庭にはまだ十分普及していないものであった。したがって，最先端の技術を教えることができる楽しさがあり，生徒の感動も大きなものであったと思う。しかし，現在では学校の機器は最新のものとは言えなくなっている。ましてや技術の進歩は日進月歩である。これからは，最先端のテクノロジーを追いかけることも必要であるが，技術科の本質とは何か，それぞれの内容の本質とは何かを問いていく必要があるのではないかと考える。

　「生徒に育てたい心と技能」は授業者の思いの強さと題材開発へのたゆまない探求心ではないだろうか。

（森田　忠）

―第7節―

伝統工芸の手法に学ぶ木製品の製作
― 祇園祭の山鉾をモチーフにして ―

1　題材について

　私の勤務する中学校は，京都市の中心部に位置している。メインストリートには，銀行，証券会社等の金融機関，様々な業態の商業施設等のビルが立ち並んでいる。メインストリートから小路に足を踏み入れると，昔ながらの京町屋が軒を連ねている。さらに歩を進めると，石畳と弁柄壁の花街となる。粋な着物に身を包んだ芸妓・舞妓衆の姿に，京情緒を感じる。近くには，観光客に人気の清水寺がある。清水寺の参道には多くの土産物店が並んでいる。参道から三年坂，二年坂と歩んでいくと，牛頭天皇を祭神に祀る八坂神社に行き着く。夏になると，疫病退散を祈願する祇園祭りに街は賑わう。校区の鉾町には，三十三基の山鉾が威容を誇り，鉾町からは，祇園囃子の響きが聞こえてきて，祭り気分をさらに高めてくれる。そのような京都の風情にあふれる街で生活している生徒は，日頃から木々の緑や，自然に触れ合う機会は少ないと言える。三方が山に囲まれた京都の町なので，遠くに山を望む事は出来るが，山の中に分け行って何かをするというような機会はほとんどない。祇園祭の山が，山から切り出してきた松を飾り，まさに山となる事について，生徒は聞き知っている。しかし，生徒たちが，普段から体験しているのは人工的な自然だ。校区の近くには，生け花の家元である六角堂がある。生徒は，普段から家の中に飾られている生け花を目にしている。また，生け花の経験がある生徒も多数いる。中学校には，伝統文化部があり，活動として生け花や茶道を行っている。活動に使用している部屋は，床の間のある和室だ。それも，障子を開ければ苔むした中庭があり，炉が切られ，水屋もしつらえてある茶室である。床の間には，時候に合わせた掛け軸が飾られ，花瓶には花が飾られ，正統的な茶道の稽古ができる恵まれた環境と言える。茶道でいうところの市中の山居である。人工的とは言いつつも，街に居ながらにして自然を感じる事は出来る。校区には，浄土真

宗の総本山である本願寺がある。そのような場所なので，法衣を付けて街中を歩かれる修行中の僧侶に出会う事もよくある。その僧侶に対して，立ち止り会釈をする生徒もいる。そのような生徒の心持に，家庭の教育力が深く感じられ，心が安寧な趣となる。門前には，仏壇や仏具を扱う工房や商店が多数ある。また，様々な伝統工芸の事業所，商店が歴史を積み重ねておられる。生徒は，自然の木や緑に接する機会は少ないが，木を材料とした工芸品や建造物に触れる機会は十分にあると言える。しかし，自分たちの近くに学ぶべき教材が多数あるにも関わらず，十分に学べているとは言えない。だから，生徒が自分たちの近くにある物から学ぶ姿勢を持てるように仕向けて行く必要があると考える。京都市内の南北に鴨川が流れている。その鴨川の四条河原で，今から四百年前に，出雲の阿国が歌舞伎踊りの興行を行った。この四条河原周辺には芝居小屋が多く立ち並び，今も当時を伝える芝居小屋が現存している。歌舞伎興行の舞台を見ると，様々な木材が使われている事に気付ける。役者の立つ舞台は，檜。三味線の棹は，花梨，紫檀，紅木。太鼓は，欅。鼓の胴は，桜。義太夫の見台は，桐。拍子木は，樫。多種多様な木材が，その用途に合わせて使いこなされている事がわかる。ぼんやり見ているとわからない事も，しっかりと問題意識を持って目を凝らせて見れば，はっきりと見えてくる。多様な木材の文化が育まれてきた事を実感できる。生徒はあれども見えずの状態にいる。先ずは，ある（存在する）事がわかる状態にまで，生徒を引き上げてやる。あれども見えず状態からの脱却を図っていく。そのために，伝統工芸を営んでおられる商店や工房を見学に行かせる取り組みを行う。そうする事で，普段何げなく通り過ぎていた建物の中で，伝統が綿々と伝えられてきた事に気づける。顔見知りであったあの方が，日本でも指折りの職人であった事に驚きの念を禁じえないかもしれない。この見学は，伝統工芸の一端に触れる機会であると共に，将来の自分の進路について考えてみる機会ととらえることもできる。職場を訪問する事は，キャリア教育の観点からも貴重な時間となると考える。そして，伝統工芸に触れる機会を持った後，自分たちの身の回りをさらに良くするための製品を構想させていく。今回は，祇園祭をモチーフとした木製品の製作を主題として取り組ませる。祇園祭と言うだけで，生徒は興味を持ち，向上心と自負心を持って取り組んでいく。なぜなら，生徒にとって祇園祭は，神事でありながら日常でもあるからだ。囃子方として鉾に乗る生徒もいる。鉾町の町屋で，護符

や粽の販売を小さいころから手伝ってきた生徒もいる。祇園祭をモチーフとした製品の構想という事で，その年の祇園祭の見方は，例年とは違ったものとなるだろう。伝統工芸の手法を取り入れつつ，現代の生活に見合った物を構想させたいと考える。例として，身近にあるボックスティッシュやキッチンペーパーを収納できるようなペーパーボックス。色々な細かい道具を収納できるツールボックス。キッチンの調味料を収納できるスパイスボックス。好きなフィギュアやカードを収納できるコレクションボックス。電気製品の周りにあるコード類をスマートに収納できるケーブルボックス。現代生活になくてはならないアイテムが伝統の衣装をまとったデザインで作りだされている事につながる。身の回りを改善するためのアイディアは，泉のごとく湧いて出てくると思う。京都の町が豊富な地下水の恩恵を受けているが如く，京都の町の伝統と底力を生徒は無意識のうちに感じるかもしれない。伝統に学びつつ，未来を切り開くための能力を引き出す事が提言されている新学習指導要領にもふさわしいと考える。身の回りにある多様な木材の文化に気付き，伝統工芸の良さを発見し，木材を活用した製品を構想できるような生徒に育てられると考え，この題材を設定した。

図1　作品例：ペーパーボックス

2　教材の特徴

（1）職場訪問

　木製品を構想する導入として職場訪問を取り入れる。生徒にとっては，伝統文化に触れる貴重な機会となる。職場を訪問すれば，働いておられる方から直接に話を聞く事ができ，扱われている品物を直接見て，感触や質感を確かめることもできる。教科書やインターネットでは，よく伝わらないところも，直接に見たり聞いたりする事で生きた情報として受け止められると考える。伝統を継承してこられた先輩方の働いておられる姿に接し，謦咳に接する機会は，生徒にとって何物にも代えがたい経験であると思う。そして，グループで訪問して学んだ事を他のグループとも共有できるような機会も必要だと考える。今回の訪問は，伝統工芸の手法に学んだ木製品の構想時に生きていくと考える。生徒に，大いなるインスピレーションを働かせることにもつながる。今回の訪問の目的は，身近にある伝統工芸に触れ，今後の製作に生かす事である。が，それと同時に，将来の進路，仕事の目的，ひいては幸福な人生とは何かについて思い及ぶ事にまでつながっていくと考える。キャリア教育の一環でもあるわけだ。

（2）伝統工芸の手法に学ぶ木製品の製作

　幸いなことに校区には，日本でも指折りの，もはや世界レベルとも言える，伝統工芸の工房，事業所が，歴史を積み重ねておられる。いくつか例を挙げていくと，戦国時代から，和弓を当時の製法のまま作り続けておられる工房がある。その工房の当主は，三十三間堂で行われる通し矢で，最後に矢を放たれた方だ。通し矢というのは，もともと三十三間堂の軒下で行われていたが，建物が重要文化財となり，本来の形態での通し矢はできなくなった。よって，本来の意味での通し矢として，最後の矢を放たれたのが，工房の当主である。竹を削られる手法や，竹を接着するための天然の接着剤については，製作の上で参考となる。煙管を製作し販売しておられる店がある。日本全国で，もう2軒くらいしか残っていないそうだ。歌舞伎や時代劇撮影の小道具の方が購入に来られるそうだ。煙管の火口（刻み煙草を入れるところ）が，日本製は小さいそうで，その理由は，日本では煙草を細かく刻める刃物と技術があるからと伺って

いる。茶筒を製造，販売されている事業所がある。ブリキなどの金属を折り曲げて茶筒に成形されておられる。その加工精度が非常に高く，蓋を上に乗せるだけで，蓋の重みで滑らかに下がっていく。見惚れてしまうような，加工精度の高さである。技術力の高さから外国からの注文が引きも切らずのようだ。伝統工芸を伝えてこられた職人の方からお話を伺うと，誇りを持って仕事を続けておられる事がわかる。入手できる材料を使って，材料の特性を最大限に発揮させて最高の製品に仕上げておられる。一個の製品に仕上がるまでに，多くの職人の方が手を掛け，情熱を注いでおられるのが伝わってくる。製作をするにあたって，生徒には，何よりも職人の方々の仕事に対する並々ならぬ思いを感じ取ってもらいたいと思う。職人の方々の製品に対する情愛にならって，良いものに仕上げるぞという決意を持って取り組んでもらいたいと思う。その事が，伝統的な技術に学ぶという事の根本であると考える。

3　指導計画

表1　題材の指導計画：事前学習から設計

学習項目	指導内容・手順等	指導上の留意点
職場訪問 （2時間） 第1時　事前学習 ①訪問する事業所について，図書やインターネットの資料で調べる。	・職場訪問の目的について説明する。 ・グループで話し合う内容について説明する。 ・ワークシートの記入について説明する。図書やパソコン等の使用について注意する。	・地域の事業所の方が協力していただい事を伝える。 ・事業所の方は，当日も仕事をされていて，特別に時間を割いていただいている事を伝える。
②訪問した時の質問内容を考える。 ③グループ内で，役割分担をする。	・質問用紙を配布し，回収する。 ・役割分担の表を配布する。	・質問項目や言葉遣いに失礼や落ち度がないかチェックする。
第2時　職場訪問当日 ①訪問先へ向かう。 ②見学と質問。 ③帰校して報告書の作成。	・最終チェックと注意をする。 ・教師で分担して，見回る。 ・帰校確認，報告書作成の指示。	・校外に出るので，安全の注意と訪問先でのマナーの確認。 ・教師間で連絡を取り合う。 ・活動の労いと評価を与える。

設計 （4時間） 第1時　構想 ①家庭での困りごとの発見。 ②グループで意見交流。 ③ラフスケッチを描く。	・今回製作していく製品について説明する。 ・職場訪問で学んだ事を生かせるように示唆をする。 ・ワークシートを配布する。 ・等角図で描くように指示する。	・木材を使用し，家庭での生活がさらに便利で快適になるような物を構想するように伝える。 ・他グループの職場訪問の報告書も参考にするように伝える。 ・等角図の描き方の確認をする。 ・部品がどれだけ必要になるのかを意識させる。
第2時　模型製作 ①紙で模型を作製する。 ②板の組み合わせ方の検討。 ③スケッチに板厚を描く。	・模型の製作の仕方について説明する。模型用の紙を配布する。 ・実際の板の小片で，組み合わせ方を検討させる。	・板を組み合わせた時の寸法を意識させる。 ・実際の寸法の縮尺である事を確認する。
第3時　材料取り図の作成。 ①材料取り図を作成。 ②グループで意見交流。	・材料取り図の作成の仕方を説明する。 ・材料取り図の用紙を配布。 ・意見交換の時間を設定する。	・模型の部品を並べてみて，確認する。
第4時　構想図の作成 ①材料取り図をもとに，構想図を作成する。 ②部品表の作成をする。	・構想図作成の仕方を説明する。等角図で描くように指示する。寸法も入れるように指示する。 ・部品表の作成を指示する。	・模型を参考にして，構想図を描かせる。板の厚み分を加える事を意識させる。 ・取り組み方に評価を与える。

表2　題材の指導計画：製作

学習項目	指導内容・手順等	指導上の留意点
製作 （8時間） 第1時　けがき① ①材料の配布。氏名の記入。 ②切断線のけがきをする。 ③点検をする。	・材料についての説明をする。 ・材料の各部の名称を確認する。 ・材料の重さ，感触を確認する。 ・こぐち，こばに組と氏名を記入させる。	・無駄を出さない事を確認する。 ・実物を触ってみる事で，こば・こぐち・板面で感触が違う事を実感させるようにする。 ・さしがね・直角定規を使用して直角を意識しながら，進められるように指示する。
第2時　けがき② ①こば・こぐち・裏面。 ②釘打ち位置。 ③検査をする。	・さしがね・直角定規の使い方を確認する。材料取り図の寸法通りか，点検させる。直角定規で直角度の検査をする。	・さしがね・直角定規を使って直角な線が引けるように，定規の押さえ方，視線の落とし方を示範して進める。

第3時　切断①	・クランプ・両刃ノコギリを使	・クランプでの固定の仕方，両刃
①板を固定する。	う事を説明する。	ノコギリの刃の使い分けについ
②両刃ノコギリで切断す	・板を固定させる。場所の指	て意識させながら進める。
る。	定。	・安全面に最大限の注意をする。
③評価する。	・両刃ノコギリで切断する。	・作業者と援助者の立ち位置を確
第4時　切断②	・ペアで協力して進められる	認する。絶えず，全体を見渡す
①板を固定する。	よう手順を説明する。	ようにする。
②両刃ノコギリで切断す	・ペアで，評価しあう。	・清掃の点検をし，評価する。
る。	・評価用紙に記録させる。	
③評価する		
第5時　材料加工	・仕上げ線どおりにやすり，か	・切断した部材を組み立てた状態
①仕上げ線まで削る。	んなで部品を仕上げる事を	にして，削る個所を確認させる。
②板面を削る。	説明。	・工具の使い方の注意をする。
③評価する。	・さしがね・直角定規を使い直	・作業の進み具合を確認する
	角度，平面度を確認する。	
第6時　組立て①	・組立ての方法を説明する	・構想図を参照しながら，接合場
①釘の下穴をあける。	・釘とげんのうを使用する事	所，部品の位置を確認しながら
②釘を打つ。	を説明する。	進められるように仕向ける。げ
	・組み立てた状態に並べてか	んのうの平面と曲面の使い分け
	ら釘打ちを始める。	を意識させる。
第7時　組立て②	・金具の取り付け方を説明す	・金具の位置調整の仕方を実際に
①金具を付ける。	る。	示範しながら説明する。
②評価する。		
第8時　仕上げ	・面取りの方法を説明する。素	・面取りや素地磨きをした見本を
①面取りをする。	地磨きの方法を説明する。	用意しておく。評価のポイント
②素地磨きをする。	・ワックス磨きの方法を説明	を提示する。
③ワックスで仕上げる	する。	・清掃の点検をし，評価する。

　事前学習から製作までの指導計画で，材料，工具等の知識については終了が前提である。

4　授業内容

（1）職場訪問

　伝統工芸の手法に学ぶ木製品の製作にあたって，地域にある伝統工芸品を扱

っておられる事業所に，生徒がグループごとに訪問する。訪問先では，仕事場の見学をさせていただく。そして，扱っておられる商品を拝見し，仕事内容の説明もしていただく。あらかじめ，生徒が考えていた質問に答えていただく時間も取っていただく。事業所によっては，製作の体験をさせてもらう場合もある。1時間程度の時間だが，生徒は伝統工芸を今に伝えてこられた職人の方々と非常に充実した濃密な時間を過ごす事が出来る。帰校してから，報告書の作成を行う。訪問のまとめであると共に，他のグループと共有する目的で作成していく。この訪問が，今後の製作にあたって何かヒントを与えてくれるような機会になる事を一つ目のねらいとする。そして，伝統工芸に携わっておられる方々の仕事に対する姿勢，思いを感じ取る中で，自分たちの将来の社会生活への崇高な志が生まれるきっかけとなってもらいたいというのが二つ目のねらいである。製作を行っていく過程で，伝統的な手法で学んだ事を生かしていくことがねらいだが，事業主そして職人の方々の仕事に対する精神をこそ学んでもらいたいと考える。

表3　職場訪問学習のワーク（事前学習と当日の報告書も含む）

仕事場訪問	年　　組　　番　氏名
訪問先	仕事の内容
事業所の歴史	品物の特徴
この仕事に就いて良かった事	この仕事でつらいこと，どのように克服？
仕事場を見ての感想	話を聞いての感想
訪問をして発見した事	訪問をしてわかった事

（2）構想と設計

　今回の製作では，伝統工芸の手法に学ぶ木製品という事をテーマにする。そして，地域にある伝統工芸を営んでおられる事業所の見学をふまえて，構想と設計を行っていく。

　技術科では，生活をよりよく，快適にするために，様々な手法を使って改善を図っていくところにねらいがある。そこで，先ず行うのが，自分たちの生活環境の点検と身の回りの困りごとの発見である。そのような活動を通して，生活の改善点を浮き彫りにしていく。今回は，木製品を製作することで改善を図

っていく。身の回りに細々とある物をスマートに収納できるような物を構想する。そして，地域性を考慮して，祇園祭の山鉾をモチーフにした製品を構想する。そのようなテーマ設定をする事で，生徒に製作への動機を高められると考える。材料については，大きさを規定する。また，出来上がった時の大きさまで指定する。具体的には，身近なボックスティッシュやキッチンペーパーが収納できる大きさとする。限られた大きさの材料から,収納できる木製品を構想，設計をしていく。さらに，材料は，無駄なく使いきる事を目標とする。

（3）製作

製作を始めるにあたって，実習での注意点，心がける事について話し合わせる。先ず，教科書にある作業中の写真を見て気付く事を記入させる。その後，グループになって話し合いをさせる。多様な意見の中で，特に大切だと思う事を４つに絞らせる。４つのキーワードという表現で，グループごとに発表させる。生徒が考えるのは，次のようなものに集約される。「安全」「協力」「正確」「丁寧」「整頓」などが挙げられる。伝統工芸の仕事場を想起させて，「清掃」も付け加える。

表4　実習をするにあたってのワーク

実習の時に注意する事，心がけること
教科書の作業中の写真を見て気付くこと
４つのキーワード
どのような作品にしていこうと思いますか

5　まとめ・考察

学習指導要領では，緻密なものづくりの技などが我が国の伝統や文化を支えてきた事に気付かせるとある。そこで，校区にある伝統工芸の職場に訪問する活動を取り入れる。その活動によって，生徒は，伝統工芸が歴史を重ね現在に至っている事に気付く事が出来る。普段，何気なく通り過ぎている町屋の中で，伝統工芸品が作り続けられている事,伝統が守られている事に気付かせられる。あれども見えずの状態から,ある事が見える状態にまで引き上げる事が出来る。

そして，仕事場を見学させていただき，話を伺う事は，生徒にとって生きた知識として，かけがえのない経験として人間形成を図る糧となっていくと思う。そして，構想と設計段階においては，生徒の中にあるイメージが，仕事場訪問をする前に比べて，格段に豊かで，深まりのあるものになっていくと考える。製作段階においては，仕事場訪問で目に焼き付けてきた職人の方々の仕事ぶり，心に刻んできた仕事に対する思いが，生徒を支え，材料と対話をしながら進めていけると考える。材料と加工の授業を通して学んでいくべき内容が，生きた知識と経験となるような授業展開になってい

技術科　木製品の製作報告書
Rapport produit du bois

年　　組　　番　氏名

品名	
サイズ	縦　　cm × 横　　cm × 奥行　　cm
使用場所	
製作の感想	
完成図	
仲間へのメッセージ	

図2　製作報告書

るのではないかと考える。そして，肉眼では見えていなくとも，その内部の様子までイメージできる，手で触れる事で，X線や電子顕微鏡で見えるようにイメージできるところまで生徒を高めていけるのが理想だと考える。

　この考察を通じて，伝統的な技術に学んで未来を切り開くというのは，手法や技術を学びつつ，技能を習熟することもそうだが，伝統的な技術が現代まで伝えてこられた精神をこそ受け継ぎ，次の世代に伝えていく事ではないかと考える。

（和田　義則）

－第8節－

新学習指導要領が求める生物育成の授業について
― 2度栽培による問題解決学習 ―

1　題材について

　新学習指導要領において技術・家庭科「技術分野」では，技術の発達を主体的に支える力や技術革新を牽引する力の素地となる，技術を評価，選択，管理・運用，改良，応用することによって，よりよい生活や持続可能な社会を構築する資質・能力を育成することをねらいとしているとある。「技術分野」においては，資質・能力や学習過程との関連を図ることが適当であり，以下の内容で構成することが考えられる。

・技術の仕組みや役割，進展等を，科学的に理解することで，「技術の見方・考え方」に気付き，課題の解決に必要となる知識・技能を習得させる内容（「生活や社会を支える技術」）

・習得した知識・技能を活用して，生活や社会における技術に関わる問題を解決することで，理解の深化や技能の習熟を図るとともに，技術によって問題を解決できる力や技術を工夫し創造しようとする態度を育成する内容（「技術による問題解決」）

・自らの問題解決の結果と過程を振り返ることで，身に付けた「技術の見方・考え方」に沿って生活や社会を広く見つめなおす内容（「社会の発展と技術」）すなわち，問題を見いだし，習得した知識・技能で解決していく学習が求められる。

　そこで以下のような学習の流れを構築した。

① 　「技術の見方・考え方」に気づく。
② 　既習事項での栽培実習を行う。（1回目の栽培）
③ 　栽培結果から「見方・考え方」を働かせ，問題を見いだし課題を設定する。
④ 　課題の解決に必要となる知識・技能を習得。
⑤ 　習得した知識・技能を活用して，問題を解決する。（2回目の栽培）

⑥　問題解決の結果と過程の振り返り。

　1回目の栽培では，生徒の置かれた環境や小学校での学習内容により個人差が生まれるとは思われるが，技術の「見方・考え方」に気づかせることが目的であるため，授業展開には影響がないと考える。また，指導者においては，社会・理科・家庭科等との連携，いわゆる「カリキュラム・マネジメント」の視点を持つことでより効率的な授業展開が見込まれる。

2　教材の特徴

　生物育成において問題を発見し解決するために，複数回の栽培を推奨する。2回目以降の栽培に対応するためには，自由度の高い土の選定，工夫された栽培方法等，指導者側の準備は，不可欠である。栽培方法の例を以下に示す。

（1）みずなのポット栽培（水耕栽培）

バーミキュライト	ポット1つあたり200ml程度
液肥（ハイポネクス）	適量
お茶パック	小・大　2種を各1枚
プラコップ大（500ml程度の容量のもの）　1個	
トレー（A4サイズの書類整理ボックスで水を貯めることのできるもの。高さ3cm程度　3×4程度に仕切るための仕切り板があれば望ましい）　ポット6〜10につき1個	
水菜の種	8粒

※水耕栽培の基本的な方法

①プラ板やボール紙を用いて3×4の仕切り板を作りプラトレーに入れる。

②お茶パック（小）の中にバーミキュライトを八分目程度入れる。

③プラトレーに入れて水に浸す。この時の水は多めにしておく。

④約1週間で本葉が出る。水を絶やさないように気をつける。

⑤本葉と根を傷つけないようにお茶パックの両底を切る。

⑥プラカップの底面に5カ所程度，底から1cm程度の高さのところにも5カ所程度穴を開ける。

⑦お茶パック(大)をプラカップに入れ，その上に両底を切ったお茶パック(小)を入れる。

⑧プラカップをプラトレーに並べ，約1,000倍に薄めた液肥入りの水をトレーに入れる。

（2）電照栽培装置の作成

段ボール箱	300×400×600mmcm 程度の大きさのもの
板材	写真は，アガチス材　150×900×12mm のもの
コルク付きベニヤ板	150×200mm 程度のもの
電球ソケット	E26 型
アルミホイル	
電球型ランプ	60W 相当
OA タップ	
コンセントタイマー	

電照栽培装置を利用した生物育成は，対象となる生物の成育状況により，光源から生物までの距離を一定にする工夫が必要である。例示している水菜の場合は，植え付けた時には，台を置き，光源までの距離を短くし，本葉が生長するごとにその台を低くするよう工夫した。（※照度は，光源からの距離の2乗に反比例する。）水菜の場合は，約500LUXの光で生長し，収穫まで至るが，3,000LUX程度の光を常に当てることで，日なたで育てたものと変わらない生長が期待できる。

3 指導計画

　2度栽培を進めるにあたり，3年間で87.5時間しかない技術科の指導計画は，大変重要なものとなる。指導計画作成上の留意点を以下に示す。
・育成する植物は，できるだけ発芽率が高く，収穫までの期間が短いものを選択する。（今回例示している水菜は，発芽率95％，育成適温20〜25℃，育成時期4月〜11月，育成期間約6週間）
・家庭科との連携を考え，食用のものが望ましい。
・自由探究を用い，より学習を深める（夏休みの課題を実施する）ため，栽培期間は，7月上旬まで，または，11月下旬までとする。夏休み，または，冬休みまでに収穫を終え，考察し，課題分析をすることが望ましい。
・管理の面や個々の考察，課題設定，問題解決をさせるために個人で育成させる事が望ましい。
・栽培環境の変化を避けるために，1回目の栽培と2回目の栽培の時期を同一とすることが望ましい。
　以上の留意点を考え，1回目栽培の時期は，第1学年の5月中旬〜7月上旬，2回目栽培の時期は，第2学年の5月中旬〜7月上旬を推奨する。
　第1学年，第2学年ともに同一の時間配当は，3年間の総指導時数上無理があるため，1年次に5時間，2年次に11時間，合計で16時間の時間配当で設定した。1年次については，常に「B　生物育成の技術」について授業を行うのではなく，必要に応じて1時間を分割する方法で行う。また，「管理」や「観察」については，授業外で行う事を想定している。そのため，1年次に行う内容については，1学期の間，「A　材料と加工の技術」と並行して授業を行う事を想定している。

（1）第1学年での指導計画

表1　題材の1年次の指導計画例

学習項目	指導内容・手順等	指導上の留意点
既習の知識で栽培計画を立て，計画に従った生物育成を行う （1時間）	・今までの生活や小学校で学習した知識を用いて，生物の育成を行わせる。 ・生物育成の環境や条件などをしっかりと記録に残させる。	・できる限り生徒が主体的に取り組めるように環境を整える。 ※連休明けからの実施が望ましい。
栽培管理と成長記録の作成 （3時間） ※15分×6週	・栽培記録を詳細にとらせる。	・授業以外でも管理を行わせ，栽培記録をとらせるようにする。 ※できる限り決まった時間で管理作業や栽培記録をとらせるようにする。
収穫と栽培計画の見直し （1時間）	・自ら育てた作物の状況を把握させ，よりよい収穫へ向けての具体的な目標設定と問題点を見いださせる。	・ここでは，栽培技術の改善ではなく，自分が思い描いた収穫状況との違いを確認し，新たに具体的な収穫目標を設定させる。
夏休みの課題の共有と栽培目標の設定 （1時間）	・各自が調べてきた事を学習班で共有し，班ごとにまとめる。 ・各班でまとめ上げた意見を学級全体で発表し，共有する。 ・ワークシートに記入し，2年次での栽培計画に活用する。	・イメージマップや思考ツールなどを活用することも考えられる。 ※本時は，夏休み明けに設定する。

（2）夏季休業中の課題について

　1回目の栽培経験を通して，生徒たちの中には，栽培方法について多くの疑問が出てきていると思われる。その解決を目指し，夏休みの課題として，栽培を経験されてきた年輩の家族や地域の農家の方々への取材活動や，書物，インターネット等を用いてよりよい栽培方法について調べる活動を行わせる。また，夏季休業明けには，課題について，班で発表し合い，よりよい栽培方法についてクラスで共有させる。その際，イメージマップや思考ツールを活用し，自分が調べてきた内容と他の人の意見について，違いがわかるように工夫させ，考えを整理させる。その学習を踏まえて現段階での自分だけの生物育成目標を考えさせる。

（3）第2学年での指導計画

表2　題材の2年次の指導計画例

学習項目	指導内容・手順等	指導上の留意点
生活や社会を支える生物育成の技術について （2時間）	・生物，動物及び水産生物についての成長，生態についての理解。 ・生物の生育環境の調節方法等基本的な技術の理解。	・作物だけでなく動物や水産生物についても取り扱う。 ・他教科との関連を意識した内容にする。
前回の課題を解決する栽培計画の作成 （1時間）	・昨年度共有した技術に基づき，自ら立てた目標に応じた栽培計画を作成する。	・生徒達が立てた計画を具現化できるように様々な手法に対応できるように準備する。
栽培管理と成長記録の作成 （6時間）	・栽培記録を詳細にとらせる。 ・計画に応じた栽培管理を行う。	・授業以外でも管理を行わせ，栽培記録をとらせるようにする。 ・途中で栽培方法を変更する場合も考えられるので柔軟に対応できるように準備する。
収穫と栽培計画・管理の振り返り （1時間）	・改善した栽培計画での有効な点や問題点を班で話し合い，その結果を学級で共有する。	・現代社会での栽培方法を意識した振り返りになるように意識させる。
社会の発展と生物育成技術 （1時間）	・安全性や経済性の視点から適切な選択，管理，運用のあり方を協議し，生産者と消費者の立場から今後の技術の展望について考え共有する。	・各自の家庭でも取り組める方法で安全・安心な生物育成ができ，それを発展させたものが今の暮らしを支えていることに気づかせるようにする。

4　授業内容

　今回の提案は，2年間に渡っての授業提案となるため，生徒達が1年次に考えたことを継続して考えられるような工夫が必要である。今回は，通常利用するワークシートや栽培記録用紙に加え，2年間の思考が見て取れるようなワークシートを活用している。実際9ヶ月間ほど空白があった後，2年次の授業が始まるため，できるだけ視覚的な部分で工夫し，思考の変容がすぐに見て取れるようにレイアウトした。

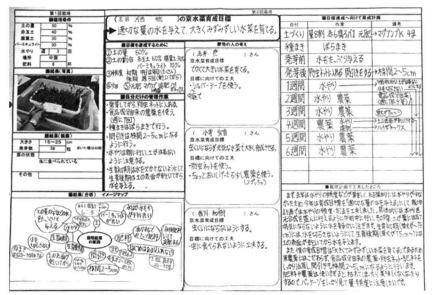

写真1 2回栽培を通したワークシート例

5 まとめ・考察

2回の栽培を通したワークシートの「栽培計画で工夫したところ」には，1回目の栽培で行っていた育成環境づくりや管理作業を反省し，根拠を示しながら改善を行っていたことが読み取れた。これは，2回の栽培を通したワークシートに1回目の栽培結果と分析が示してあり，常に自分自身が感じた問題意識を保ちながら，知識・技能の学習に向かい，問題解決に向けて改善することができたためと思われる。また，「自分だけの育成目標」を中心とした問題解決学習に取り組んだことで，生徒たちに主体性を持たせ，対話的な活動を通して自身の考えを広げながら，学びを深めさせることができたと考えられる。

しかしながら，生徒達の計画を実践させるためには，土の種類，栽培場所の確保，電照栽培等の仕組みなどかなりの環境が必要であり，数年の準備期間と学校側の理解が必要である。

(山下 道夫)

－第9節－

大和野菜の栽培

―「ひもとうがらし」の栽培・収穫について考える ―

1　題材について

　技術科教育における生物育成の授業展開の難しさに人の手の加えにくさが挙げられる。生物育成には気象環境や生物環境など他の分野に比べて人間がコントロールできない部分の占める割合は多く，それにより目標の達成がしにくく，評価も工夫が必要である。できるだけ栽培がしやすく，収穫量が望める作物は生物育成の教材としては好ましい。

　また，教育現場での食育の推進や地産地消といったことが叫ばれて久しく，初等教育から家庭科や学校給食を中心に様々な学習や取組みが進められているが，そういったことに対する知識の定着や一人一人が意識を高めた消費行動はまだ不十分だと考える。

　日本各地には古くから栽培・利用されている伝統野菜が数多くあるが，その栽培や管理の仕方は様々でその土地に合ったものが残ってきた。自分たちの身近な野菜として認識され，消費されても良いはずである伝統野菜を，知らない子どもは多く，給食の献立で伝統野菜が使われていても気づかなかったり，独特の形状や味から敬遠したりする子も多く，残飯量が課題となっている。

　そこで，生物育成の授業において奈良県の伝統野菜である「ひもとうがらし」の栽培を行い，伝統野菜を親しみ深いものという認識を高め，なぜ古くから栽培されてきたのか，環境や栽培技術が作物にどのような影響を与えた結果，奈良県古来の品種として伝統野菜が定着したのかという探究を深めるきっかけにしようと考える。また，学習指導要領に示されているように，作物の栽培は地域固有の生態系への影響を考慮しなければならないが，その地域で昔から栽培されてきた伝統野菜はそういった観点からも栽培に取り組みやすい題材といえる。

2　教材の特徴

（1）栽培管理のしやすさ

　「ひもとうがらし」は伏見群に属する辛トウガラシとしし唐との雑種から選抜されたと推察されており，古くから自家消費用として作られてきた。太さが5㎜程度の細身で長い形状，濃緑色で皮の柔らかい甘味唐辛子。北部と南部で気候が違う奈良県でも場所を選ばず栽培し収穫できる「ひもとうがらし」は奈良県下全域で栽培することが可能である。露地栽培の場合，5月に定植し，6月下旬から10月上旬までと収穫時期も長く大和野菜の中でも育てやすい品種といえる。プランターでも栽培は可能で，管理方法は気温が高くなれば水や肥料をたっぷりと与えることを意識すれば生長も早い。非常に多収で上記に述べた時期には鈴なりに果実を実らせる。

　また，炒め物やてんぷらといった調理方法も幅広くあり，とうがらしであるが辛みや苦みは少なく食べやすいため近年，人気も高まっている。

（2）入手のしやすさ

　奈良県在来のひもとうがらしは，種・苗ともに入手がしやすい品種である。毎年，5月頃には苗が販売される。種子からも繁殖が可能で，冬に播種し春先に定植し栽培する。

　また，自家採種が可能である。収穫の際，採種用の実をいくつか決めておき，熟してから採種を行う。固有種であるひもとうがらしの種はF1品種の種と異なり，翌年以降も同様に栽培し，収穫することが可能であるため，毎年，種や苗を購入する必要がない。これは学習指導要領に示されているような環境保全や持続可能な社会の構築への有効な手立ての一つだと考える。

（3）育成作物の特徴や課題の発見

　ひもとうがらしは多収であるが，実の形状は小さく，茎や葉に隠れるため慣れないと収穫のしづらい労働生産性の低い作物である。また実が大きくなると固くなったり，辛味が出てきたりするなどの欠点が現れるため，次から次へと収穫する必要がある。この特性は収穫時期が遅れると目的から遠ざかるという作物栽培の難しさや課題の発見につながり，その課題をどのようにして解決していくかひとりひとりが考えられる題材でもある。

3 指導計画

表1 題材の指導計画

学習項目	指導内容・手順等	指導上の留意点
伝統野菜について （1時間）	・地域の特産物を調べ，どのような技術が用いられているか調べ，まとめる。	・地域の特産物の栽培（飼育）では，どのように技術が最適化されているか考えさせる。
作物の育成計画を立てる （1時間）	・作物を育てる目的を考え，成長に合わせた育成計画を立てる。 ・ひもとうがらしの品種としての特徴，育て方や注意点などを調べ，栽培計画を立てる。	・自家消費用で食用を目的としての栽培を明確にする。 ・育成に必要な条件や管理作業の時期，作業内容などを調べさせる。
成長に合わせた適切な管理を行う。 （6時間）	・成長の状態に合わせて，適切な管理作業を行う。 ・種まき ・定植 ・整枝・剪定 ・支柱立て・誘引 ・元肥・追肥 ・水やり ・健康管理 ・収穫 ・管理作業の内容を記録用紙にまとめる。	・作物の特性上，誘引後の管理内容は多くない。授業時間内で管理する時間を決め，残りの時間で動物や水産生物の学習を進めることも可能である。 ・収穫はこまめに行う必要がある。果実が10cm程になると収穫する。 ・採種するために一部の実はおいておく。
・翌年度にむけた採種 （1時間）	・熟した実から採種する。採種し翌年度も栽培するために気をつけることをまとめる。	・播種→採種を行い固有種が持つ可能性や課題に気づかせる。
・栽培を振り返って （1時間）	・ひもとうがらしの栽培の結果・過程を振り返って，作物栽培における生物育成技術の問題解決を評価し，改善・修正方法考える。	・ひもとうがらしは多収であるが，労働生産性の低い作物ということに気づかせ，生産性を高めるための方法を考えさせる。

　5月頃から栽培実習を行うことを考えると第2学年または第3学年での実施が望ましいと考える。また播種から行う場合は年度をまたぐので，学年の終わりから新学年の前半にかけて学習を進める必要がある。

　実習に取り組む前に基礎的な生物育成技術の仕組みを学習するとともに，大和野菜についての調べ学習や各地に古くからある伝統野菜が環境や生態にどのような影響を与えてきたか，また現在における伝統野菜が直面している問題や課題について知る学習を行う。

4　授業内容

（1）大和野菜についての調べ学習

　タブレットを活用して，現在の大和野菜の品種や特徴，また取り巻く環境について調べ，ワークシートにまとめる。

　季節ごとの旬の大和野菜を調べることで種類の豊富さに気づき，その野菜の来歴を学ぶことで，その種子がどのように受け継がれてきたか，そこにどのような生物育成技術が関係しているかなどの探究のきっかけになるようなワークシートを作成し，活用する。

```
　　　　　　ワークシート〜大和野菜について調べよう〜
　1．それぞれの季節の旬の大和野菜を1つずつ選んでまとめよう
┌──────────┬─────────────────────────┐
│調べた野菜名 │（　　　　　　　）旬の時期（　　　）│
├──────────┴─────────────────────────┤
│特徴                                               │
│多く作られている地域、その野菜の歴史、姿形の特徴や味について│
│簡単にまとめる。                                   │
└────────────────────────────────────┘

┌──────────┬─────────────────────────┐
│調べた野菜名 │（　　　　　　　）旬の時期（　　　）│
├──────────┴─────────────────────────┤
│特徴                                               │
│                                                   │
└────────────────────────────────────┘
```

図1　ワークシート例（一部抜粋）

表2　種まきの作業

学習活動	教師の指導・支援	学習評価
1　導入 ◇種袋と種の観察 　各自で種袋に書かれている情報を読み取り、まとめる（10分） ◇種の観察・スケッチを行う。（5分）	○本日の作業、目標を説明する 　班に種袋の両面をコピーしたプリント1枚配布し、そこから読み取れる情報について考えさせる。 ○種の大きさや形状に触れながら、気づいたことを記入させる。	 ワークシート
2　実習 ◇種まきの手順に沿って、班の中で分担して工夫しながら種まきを行う。（20分） 土の量や種を植える深さなどに注意しながら、作業を進めるように机間指導しながら各班に助言する。	○スライドに示した種まきの手順・注意点を説明し、班で手分けをして種まきを行うように指示する。その際、どのように種まきを行うと効率的にできるかを考えながら実践するように促す	
3　展開 ◇班で出た種まきのアイデアをまとめて、発表する。他の班から出てきたアイデアもまとめる。（10分）	○出てきたアイデアに対して、同質的なアイデアをまとめていく。 ○そのほかの意見もまとめて掲示する。 ○本時の活動を振り返り、工夫した種まきの方法を考えられたか確かめる。	ワークシート
4　まとめ ◇実習について振り返り、今後の作業の流れを確認する。（5分）	○種まき後、どのように成長しどんな作業が必要になるかを確認する。	

（2）種まき実習

　例として種まきの作業の略案を示した。班で種まき用タッパーに種をまく。分担して作業をする際にどのような方法で行うと効率よくできるか，また各自で作業する場合にはどのような工夫で行えばよいかなどを考えながら作業を行いワークシートにまとめ，管理作業技術の理解につなげる。また，発芽の３条件を確認し，その条件を満たすにはどのような工夫が必要か，社会ではどのような方法が採用されているか考える。

ワークシート〜種まき実習〜

１．種袋はどのような情報を教えてくれるだろう。
〜袋の表と裏でどのようなことが書かれているかまとめよう〜
袋の表：【　　　　　　　　　　　　　　　　　　　　】
袋の裏：【　　　　　　　　　　　　　　　　　　　　】

２．ひもとうがらしの種まきをしよう。
①ひもとうがらしの種の観察

ひもとうがらしの種のスケッチ
形・色【　　　　　　　】
大きさ【　　　　　　　】
その他気づいたこと
【　　　　　　　　　　　　】

②手順に沿って種まきを行う。

準備物	種まきの手順
種まき用タッパー 移植ごてまたはスコップ	1．土をタッパーに入れる。 2．間隔をあけて種をまく。 3．土を軽くかぶせる。 4．タッパーをビニール袋に入れ、空気をたくさん含ませて口を閉じる。

３．種まきの作業で工夫できること

自分の考えた工夫点【　　　　　　　　　　　　　　　　　　】

班の人が考えた工夫点【　　　　　　　　　　　　　　　　　】

図２　実習ワークシート

（3）実習の振り返り

　栽培実習を振り返り，自分が学んだことや見つけた課題についての改善点や修正点を考えていく。また同じような生物育成における課題が社会ではどのようなにとらえられ改善・解決されてきたか。解決にはどのような技術が用いられてきたかを探求し，作物栽培における技術の最適化についての発見・学習につなげる。

5　ICT 機器の活用（1人1台のタブレットの活用）

　奈良県は文部科学省が推進する GIGA スクール構想のもと，2020 年度中にすべての児童・生徒に1台タブレットが配布された。どの学校でも授業での積極的活用が推奨されている。技術科の授業では情報分野での活用はもちろんのこと，この生物育成分野での活用の可能性も広いと考えている。例えば，作物栽培において成長の観察・記録は大切な作業のひとつであるが，これまでは記録用紙へのスケッチや写真を撮影して記録に残すといったことが主に採用されてきた。こういった方法でも成長過程を学べ，課題や問題を発見することは可能であるが，子どもたちの中でイメージがわきにくい。そこで，タブレットを活用し成長過程を画像で細かく記録し，気づいたことや課題などを書き込んでおくことにより，振り返りがしやすくなる。また課題の解決策を調べる際に1つのツールとして利用することができる。

6　まとめ・考察

　教材の特徴で述べたように，ひもとうがらしは実が小さいうちに収穫をしなければならなく，茎や葉に紛れ込み，決して労働生産性が高い作物ではない。だが，そういう特徴を持つからこそ，課題を解決するためにどのような技術が適しているかを子どもたちが考えられ，学びを深めることができる。また，伝統野菜の長い歴史を知ることで，その品種に込められた先人たちの思いや生物育成技術の工夫や創造性に気づき，知的財産の大切さ，すばらしさについて考え，保護し活用する態度の育成につなげられる。

　しかし，班で1つの苗を育てることを想定しているので，管理の分担や一人一人の意識の持たせ方，評価の方法などの部分で課題はまだたくさんある。また，種まきから実習を行うのも一つの方法であるが，温度管理が必要なためそ

の場所や環境を確保するのが難しい。年度をまたぐので苗の管理方法などを考えていく必要がある。そして，どの作物にも共通するように作物栽培は必ずしも目的とした結果が得られるとは限らない。今回，多収で育てやすい品種を選んだが，予備の苗の確保といった具体的な解決策を用意しておく必要がある。

　しかし，ひもとうがらしは教材としての可能性を秘めている。まだ取り組み始めたばかりであるが，この品種の特性や課題をさらに見つけ学習を深める方法を追究していきたい。例えば，管理作業に共通項が多く，同じナス科であるピーマンと一緒に比較しながら栽培を行ったり，品質や労働生産性を高める方法を考えたりと様々な展望が描ける作物である。

　そして，伝統野菜全般においてはその地域に深く結びついたものである。同じ品種でも違う地域で栽培すると味や姿・形が変わる品種も多く，その地域でしかできないものである。各地に必ずある伝統野菜を教材として活用することで，その地域の生態系の保全，品種の保護にもつながる。現在，日本の農業は種苗保護の観点において重大な局面にきている。流通しているほとんどの作物はF1品種であり，固有種が衰退している。学習指導要領に示されるような持続可能な社会の構築においても，環境の変化に対応しやすい固有種は非常に重要な存在である。これからの社会を担う子どもたちが，伝統野菜の栽培を通じて消費者としての意識を高く持ち，先人たちが作り上げてきた育成技術とともに種子を次の世代に受け継いでくれることを切に願う。

（小谷　晶子）

参考文献等

1) 文部科学省　中学校学習指導要領（平成 29 年告示）
2) 文部科学省　中学校学習指導要領（平成 29 年告示）解説　技術・家庭編
3) 農業共済新聞　大和野菜「ひもとうがらし」平成 18 年 9 月 2 週号
4) 農林水産省　aff 特集　野菜をめぐるあたらしい動き　伝統野菜の実力①
5) 文部科学省　GIGA スクール構想の実現へ　https://www.mext.go.jp/a_menu/other/index_00001.htm　令和 2 年 11 月 16 日　参照　令和 2 年 12 月 10 日
6) THE BIG ISSUE　タネ，食の安全保障　2020　7.1 号　05-13

これまでの栽培の経験から課題を見いだし「品質の良い ミニトマト」を育成するための問題解決をしよう

― 農業技術の基礎・基本をおさえた生物育成の技術による問題解決 ―

1　題材について

　現在，日本のカロリーベースの食料自給率は38%（令和元年度）であり，1965年の73%からは大きく低下している。これは，自給率の高い米の消費が減少し，飼料や原料を海外に依存している畜産物や油脂類の消費量が増えてきたことも大きな要因だが，近年の耕作地や農業の担い手不足による国内の農業の衰退や，安い海外からの輸入農産物の増加も一因として考えられる[1]。

　このような日本の食料事情の中，持続可能な社会の構築や，安定した食糧供給のためには，国内の農業生産の増大を図る必要があり，中学校技術・家庭科技術分野（以後技術科）において，生物育成の技術を誠実に学ぶことは非常に大切なことである。技術科で農業技術の基礎・基本を実践的・体験的に学ぶことは，進んで生物育成の技術と関わる態度を育成したり，食糧の安定供給の重要性を実感させたりすることは，将来の生物育成に関連した職業の担い手を増やしたり，新しい生物育成の技術を開発したりする為にも，重要な学びであるといえる。しかし，2012年度改訂の学習指導要領から生物育成の技術が必修化されたが，いまだ多くの学校で栽培圃場が足りない状況や，どのような教材を使い授業を行えばよいかなど，多くの悩みを持っている。

　そこで，本節では農業技術の基礎・基本をおさえた生物育成の技術による問題解決の授業づくりについて紹介することとした。

2　教材の特徴

（1）栽培圃場の整備について

　筆者はこれまで，栽培圃場がない中学校において，開墾を行い栽培圃場の整備を進めてきた。しかし，開墾というと，とても労力がかかりそうな印象を受

けると思う。確かに1校目の実践では，ユンボを使うなど大掛かりな開墾を行い栽培圃場の整備を行ったが，ユンボを使う開墾は一般的ではない[2]。そこで，次に開墾が必要な中学校へ赴任した際には，できるだけ労力がかからないよう開墾をした。基本的にはこれまで花壇として使っていた場所や，今は荒れ地だが，以前何らかの植物が育っていた緑地などを開墾して栽培を行うこととした。

　例えば，学校環境整備担当の先生や緑化委員会等の担当の先生と相談し，「生物育成の技術」の必修化に伴う栽培圃場の必要性を伝えて花壇として使っている場所を確保できたこともある。また，以前，花壇があったであろう場所や，芝生などの緑地，樹木が植えられていた場所（図1）など，過去に何かが栽培されていた場所などは，少し整備すれば，簡単に栽培圃場として整備

図1　開墾の様子

ができ作物の栽培も可能である。栽培圃場の整備において，花壇は校内でも目立つ場所や，生徒が登下校で横を通過するような場所に設置されていることが多い。その為，日々の観察や手入れをするにも都合がよく，生徒が育成に関わる機会を増やすことにも繋がる。

　また，新たな栽培圃場を整備することは，土づくりをすることに繋がり，栽培圃場を整備する体験は，苦労と共に作物を栽培する為に，いかに土づくりが大切かを実感させることができる。太田[3]による土育の提唱でも，「土と関わる様々な活動・遊び・学びに全人格的教育としての意義があるものと考えられる」とあるように，土づくりを基本とした，農業技術の基礎・基本をおさえた実習には，副産物的に様々な教育効果があると考えられる。毎年，適切に栽培圃場を管理していくことは大変だが，充実した実習を行う為には，栽培圃場の整備と管理は技術科教師にとって大切な仕事の一つといえる。

　栽培圃場の整備・管理についての資料や，生物育成の授業案，ワークシート，動画教材などは「SUNS」[※]にて紹介されているので参考にしてもらいたい。

　　　　　　　　　（※生物育成学習支援システム　SUNS　https://suns-project.com）

（2）筆者のこれまでの実践について

　これまで筆者は，サツマイモ，ジャガイモ，ナス，ゴーヤ，胡瓜，白菜などさまざまな作物の授業実践を行ってきた。その中でも校内に簡易水田をつくり[4]，水田養鯉農法で稲作を行った実践[5]（図2）や，作物の栽培と魚類の養殖を同時に学べるアクアポニックス技術の教材化[6]や，技術で栽培した里芋を使い，家庭科と連携して芋煮を作る体験を，総合的な学習の防災教育の一環の炊き出し訓練と位置づけて教科横断的な実践[7]（図3）などにも挑戦してきた。

図2　簡易水田・水田養鯉農法での田植え

　このようにさまざまな作物の実践を行ってきたが，毎年の栽培実習の柱として栽培したのはミニトマトであった。農業技術の基礎・基本を学ぶ主軸としてミニトマトの栽培実習を行い，より学びを深めるために他の作物の栽培を行ってきた。

図3　総合・防災教育炊き出し訓練

（3）どうしてミニトマトが教材として適しているか

　ミニトマトの栽培が技術科の教材として適している理由は以下のようなことが挙げられる（表1）。

表1　ミニトマトが教材として選択される理由

ミニトマトの特徴	教材として選択される理由
品種が多い	ミニトマトを複数種育てて，葉や茎の育ち方や，果実の形や色，味の違いなどを比べることができる。
収穫量が多い	ミニトマトは露地栽培であれば一株で数百個収穫することができる。四人班で一株を育てたとしても生徒全員が十分な収穫できる。
夏休み前に収穫が可能である	定植時期やマルチの活用など工夫をすれば夏休み前に収穫ができる。夏休みのかん水や追肥などの管理作業や収穫はとても大変になるので，早い時期にたくさん収穫し終えたい。
育成の為の管理作業が多い	「支柱立て」「誘引」「元肥・追肥」「摘芽」「摘芯」「受粉」「収穫」など多くの管理作業を行うことで農業技術の基礎・基本を学ぶことができる。

葉の状態変化から健康状態の様子が確認しやすい	生徒でも葉の色などの変化により健康状態の把握が容易にでき「追肥をする」「かん水をする」などの実践的な手入れをすることができる。
中南米原産：乾燥に強く枯れにくく，荒地に強い	他の作物が枯れるなどして収穫できなくてもミニトマトは安定して収穫できる。開墾したばかりの砂状土で砂利混じりの土質でも育てることができる。
これまでミニトマトを栽培した経験がある生徒が多い	事前アンケートなどの回答から，小学校や家庭でミニトマトを栽培した経験がある生徒は毎年多くいる。しかし，収穫はできたが，倒れてしまったり，実が裂果してしまったり，鳥獣害にあったりとうまくいかなかった経験も多い。
各教科書にもトマトやミニトマトが主な実習例として示されている	育成に必要な管理作業について教科書に資料があり，教科書を使い教えることができるので教材研究・授業準備に時間がかからない。　（東京書籍・開隆堂・教育図書）

3　指導計画

　ミニトマトの指導計画について以下に示す（表2）。

表2　題材の指導計画（2年生での実施を想定）

	指導内容・手順等	指導上の留意点
四月上旬 (1.5時間) (1) 問題の発見・課題の設定	・これまでの生物育成の成功・失敗経験をもとに課題を見いださせる。 ・品質の良いミニトマトを育成するために必要なことはどのようなことがあるか考えさせる。 ・生産者・消費者のそれぞれの立場から作物に求められる品質について考えさせる。 ・品質を向上させるために，実現できそうな課題を設定させる。 【課題の設定】 ○品質の良いミニトマトを育てる	・生物育成の経験の実態調査（これまで育てた生物や，栽培についての興味・関心，これまでの生物育成の成功・失敗体験について把握しておく。） ・技術の見方・考え方を働かせ，環境・経済・社会的な側面等の視点からより良い栽培方法について検討させる。 ・インターネットを活用して，生産者と消費者それぞれの立場からどのような作物が求められているか調べさせる ・品質の良い作物とは食味・安全性・環境への低負荷などプラス面の付加価値が付くことであることに気がつかせる。
四月中旬 (1.5時間) (2) 品種の選定・栽培計画	・より品質の良いミニトマトを育てる為に，どのような育成条件が必要か考えさせる。 ・育成の目的を明確にし，複数の品種から栽培する品種の選定をさせる。 ・教科書，インターネット，種袋等で育成方法について調べさせ，適切な時期に適切な管理作業が行えるよう，見通しを持たせて，栽培計画を作成させる。	・インターネットを活用して，生産者と消費者の立場から作物に何が求められているか調べさせる ・インターネットを活用して，品質を良くする手立てや，選択した品種の育成方法，収穫目標個数についての情報を収集させる。 ・これまでの栽培の成功・失敗経験から，より品質の良いミニトマトを栽培するには，どんな工夫をすることができるかを考えさせる。 ・栽培計画の立案には，教科書や種袋に書かれている資料を参考にさせる。

（3）管理作業・観察記録・作業記録　四月下旬～七月中旬（4～6時間程度）	・観察・作業記録表へ実施した管理作業等を記録させる。 ・栽培圃場の整備（土づくり・荒おこし・有機石灰・元肥の施肥・畝立て・マルチング） ・ミニトマトの定植（定植・支柱立て・誘引） ・ミニトマトの育成（摘芽・追肥・土寄せ・かん水・除草・受粉） ・ミニトマトの収穫（摘芯，収穫，糖度や収量および重量の計測，調理） ・品質や複数品種を食べ比べて食味等の確認をさせる。 ・糖度計を用いて，糖度を計測させる。	・観察をさせどのような管理作業が必要か考えさせる。また，成長過程の様子や葉の色や形によって健康状態をチェックし記録させる。 ・農業技術の基礎・基本をおさえた実習になるように，専門的な農業技術についての資料を配布する。 ・生徒たちが品質を良くするために行いたい管理作業に対応できるように準備をしておく。（さまざまな肥料や道具の準備） ・管理作業は基本的に自班の苗で行うが，適宜，他の班の違う品種のミニトマトも観察を行い，必要があれば他班の生徒と協力して作業させる。 ・市販のミニトマトと比較させる。 ・外観・食味だけではなく，収穫量や糖度なども計測し品質の評価につなげさせる。
（4）評価と活用　七月（1.5時間）	・栽培計画と観察・作業記録表をもとに，これまでの活動を振り返り自己評価をさせる。 ・栽培計画や管理作業が適切なものであったか振り返らせる。 ・品質の良いミニトマトの育成ができたかを振り返らせる。 ・今回の問題解決の体験で，うまくいったこと，いかなかったことを振り返らせ，さらに品質のよいミニトマトをつくるにはどうすればよいか考えさせる。 ・持続可能な社会を構築していく為に生物育成の技術が果たしている役割について考えさせる。	・農業技術の基礎・基本をおさえた育成を体験したことで，生産者の視点でも実感を持った振り返りをさせたい。 ・育成の中で楽しかったこと，苦労したことを班で話し合い共有させる。また，品質の良いミニトマトができたか，自らの課題や，班の課題が解決できたか確認させる。 ・収穫した複数品種を食べ比べる中で，品質について酸味や甘味の有無や果肉の肉質など，人の好みにより求める品質は違うことに気が付かせる。 ・今回の栽培圃場等の栽培環境の中でより品質の良いものを作るにはどんなことができそうか考えさせる。 ・生物育成の技術について，環境的・経済的。社会的側面等，複数の側面から評価させる。

4　授業内容

（1）問題の発見・課題の設定（1.5時間）

　小学校までの栽培の経験を調査すると，小学校ではじゃがいもやヘチマ，朝顔などのさまざまな栽培活動を行っていることがわかった。（表3）

表3　小学校での各学年における栽培する作物例

1年生・生活科	2年生・生活科	3年生・理科	4年生・理科	5年生・総合	6年生・理科
・朝顔 ・チューリップ	・ミニトマト ・さつまいも	・ホウセンカ ・向日葵	・ゴーヤ ・へちま	・稲（バケツ栽培）	・じゃがいも（光合成の学習）

　その中でもミニトマトは市内の多くの小学校で2年生の生活科の授業で栽培を経験している。校内に畑がある学校では，露地栽培を行っているが，多くの学校では，1年生で朝顔の栽培に使用した，ペットボトルによる底面給水式の鉢でミニトマトの栽培を行っている。児童たちは，生活科の「野菜を育てよう」の単元の中で，ミニトマトを植えて，育てて，収穫の喜びを感じる体験と観察記録を通して，変化や成長の様子に関心を持って働きかけができ，生き物への親しみを持ち大切にしようとする情意面等の教育効果があると考えられる。

　しかし，調査の中には，誘引や摘芽など整枝の適切な管理作業が不十分なまま栽培をしていたり，ムクドリやカラスにほとんどの果実を食べられてしまったり，容器栽培で育てる中，猛暑により水が足りなくなって枯れてしまった，という報告もあり，農業技術に関する知識・技能の獲得は限定的である。

　そこで，中学校技術科では，小学校までの学びを踏まえて，これまでの栽培の成功・失敗経験から，問題を見いだして，これまでの栽培した作物よりも「品質の良い作物」を育成することを課題として設定し農業技術の基礎・基本をしっかりおさえた学習をさせたい。「品質の良い作物」を育成する為には，生徒達のこれまでの栽培の成功・失敗体験から「栽培方法」「病害虫・鳥獣の被害」「色・艶・形などの見た目」「味や糖度や栄養」「農薬の使用の有無」などの外観，食味，安全性，環境への低負荷などが「品質が良し悪し」の条件だと気がつかせたい。また，インターネットで「品質の良い作物」について調べたり，生産者と消費者それぞれの立場からどのような作物が求められているのかについて調べさせたりすることも，課題の設定に向けて有効な活動である。「野菜の品質要素の構成要素」については宮崎[7]が図4のように整理しているので参考にしたい。また課題の設定では，個人での課題の設定と，グループでそれぞれの見いだした問題を発表し合い，班として解決したい課題の設定を行い，仲間と解決策を考え，協働的に取り組むことも大切である。

図4　野菜の品質構成要素

（2）栽培の計画（1.5時間）

　品種の選定では，複数の品種を準備し，班ごとに品種を選択させることで，品種による育成の違いや，食味の違いなど比較することができる。例えば「ペ

ペ」「アイコ」「イエローアイコ」の3種類を準備することで，赤い果実のペペとアイコではあるが，形が球状とプラム状と外観が違ったり，食味が違ったりする。またアイコとイエローアイコでは形は同じでも，色や食味や糖度の違いがあり，品種の違いによる特徴を実感することができる。この複数種を栽培することで「育種」や「品種改良」についての学びに繋げることができる。農業技術において「育種」は長い年月をかけ「品種改良」を行い，より良い品質の作物にする為の大切な技術であることからも，発展的に学ばせたい内容である。

　栽培計画では，選定した品種をもとに，どのような育成条件が必要かを考えさせる。計画では，小学校での学びも大切にし，どのような作物をどのように育てたか，変化や成長の様子，収穫の喜びについてなどを思いださせたい。そして，教科書や育成する品種の種袋などを参考に育成に必要な管理作業を収穫までの見通しを立てさせて，栽培計画を作成させる。また，インターネットを活用してミニトマトの栽培方法や，品質を良くする方法について情報を収集し，栽培計画に取り入れさせたい。品質を良くするための工夫として生徒が調べ学習を行うと表5のような工夫にたどり着くと想定される。表4の工夫を行うにあたって必要な資材等は中学校でも十分準備ができる物だと考えられる。

表4　品質を良くするための工夫例

工夫の場面	どのような工夫によりどんな品質の向上を期待するか
仕立て方	・基本は主枝1本仕立てで育てさせるが，主枝と側枝の2本仕立てや3本仕立てにすることで収量を増やす。
定植	・寝かせ植えにして，不定根を出させて，吸水・吸肥力を高め収量を増やす。
調湿	・過湿を防ぐために，畝を高畝にして，排水性を良くして食味や糖度を向上させる。 ・雨よけの屋根をつけて，実割れや病気を防ぐ。
マルチング	・シルバーマルチにして，害虫の飛来抑制や，猛暑による地温上昇の抑制をして被害を防ぐ。 ・マルチではなく敷き藁を敷く。
肥料	・ミニトマトは収穫期間が長いので，遅効性の骨粉や油かすや牛糞堆肥，鶏糞堆肥など有機質肥料を選択する。また，肥料の効き過ぎが抑えられるのでミニトマトの食味を向上させる。 ・元肥量や追肥のタイミングを調整する。 ・リン酸成分の比率が多い化学肥料を使うことで実つきを良くする。
病害虫の防除	・アブラムシを寄せ付けないためにコンパニオンプランツを植える。 ・病害虫の予防に竹酢液や木酢液を活用する。
鳥害の防止	・テグスや釣り糸を張ったり，排水溝用のネットで果房を覆ったり，株全体を鳥害用のネットで覆い被害を防ぐ。

（3）栽培活動：管理作業・作業記録・観察記録（4〜6時間）

　授業の進め方として，成長に合わせて必要な管理作業についての座学を行い，学んだことを実習で実践をすることを繰り返していく。栽培実習の機会としては，授業での実習に加え，かん水当番を組織してグループ活動としてかん水とともに，その時に必要な管理作業を行わせたり，登下校時，昼休みや，休日に部活に来た時に 10 分程度手入れさせたりするなど，授業で学んだことを実践する機会を増やすことで，より充実した栽培活動となる。また，栽培活動を行った際には，どのような管理作業を行ったかについて，ミニトマトの変化と成長の様子について，観察・作業記録をつけさせる（図5）。

図5　観察・作業記録表例

　ミニトマトの栽培についての実習内容と留意点については（表5）に示す。

表5　実習内容と実習における留意点（※留意点） [9]

① 栽培圃場の整備	・土づくり：荒起こし，有機石灰・元肥（堆肥・化学肥料）の施肥，畝立て，マルチング（黒マルチ） ※この作業を1年生の3学期に終えておくと，4月に定植ができ，収穫時期を1学期内に設定することができる。晩霜が終わる時期なら定植ができる。【生育適温：20〜30℃】 ※土づくりのために小型の管理機を導入できるとよい。 ※有機石灰（貝化石の粉末）【1 ㎡あたり 100 g 程度】施す。有機石灰は苦土石灰と違い施した後すぐに定植することができる。【土壌酸度：中酸性〜中性】 ※元肥には堆肥（遅効性：主に土壌改良・微量要素の補充に）【1 ㎡あたり 4 k g 程度】と化学肥料（即効性：主に肥料の三要素の補充に）【N:P:K=8：8：8 を 1 ㎡あたり 100 g 程度】を施す。 ※地温の上昇，雑草の防止などのために黒マルチを有効に使う。 ※畝は単条植えであれば，60 c m程度，2 条植えであれば 120 c m程度の畝幅にする。栽培圃場に余裕があれば，生徒が手入れしやすいように株間は 40 c m前後，通路幅は 60 c m程度とりたい。
②ミニトマトの定植	・苗の定植，支柱立て，誘引 ※ミニトマトは同じ向きに実がつくので，第一花房を通路側に向けて定植するとよい。 ※支柱は180 c mの長さのものを使い，1 条植えは直立型，2 条植えの場合は合掌型で1株に1本の支柱を立てるとよい。また，必要に応じて筋交いを入れて補強するとよい。 ※誘引にはビニルタイ以外にも麻紐や誘引クリップなども併用するとよい。

	※教師が鉢やプランターでミニトマトを育てることで成長の様子や品質の比較ができる。
③ミニトマトの育成	・摘芽，追肥，かん水，土寄せ，除草，受粉 ※主枝は1本仕立てとし，わき芽は小さい時に指先で摘芽する。ウイルス病が伝染する恐れがあるのでハサミは使わないよう指導する。摘芽は晴れた日の朝に行うとよい。 ※追肥は第一果房の収穫と同時期に行う。 ※マルチングの際に，水がしみ出るかん水用ホースをマルチ内に通しておき，タイマーによる自動かん水装置を設置すると休日の管理がしやすい。 ※全員参加できるよう，かん水は当番制にする。かん水当番の際にその他必要な管理作業も行わせ，ミニトマトの様子も観察させる。
④ミニトマトの収穫	・摘芯，収穫，糖度や収量，重量の計測等品質の確認，家庭科で調理・加工 ※品質についての評価をするために，成長過程の観察記録，収穫時に収量・重量・糖度などの計測をし，一般的な数値と比較させたり，品種間の比較や鉢やプランター栽培との比較をさせたりして，品質について思考させたい。 ※摘芯については収穫していく中で第5～6果房の上で行う。摘芯後，わき芽は放任する。 ※果実は果房の元の方から完熟したものを収穫する。（色が付き，ガクが反ったら収穫の目安） ※収穫期の果房よりも下位の古い下葉は取り，風通しを良くして病害虫の発生を予防する。 ※収穫したミニトマトは家庭科と連携して調理実習を行えるとよい。

（4）評価と活用（1.5時間）

　①1時間の授業の中の0.5時間を使い全員で収穫体験をする。残りの0.5時間で，栽培計画，観察・作業記録をもとに自分が立てた課題，班の共通課題が解決できたかを評価する。計画通りに作業を行うことができたか，管理作業を適切に行うことができたか，品質の良いミニトマトが収穫できたかなどについて振り返らせ，解決できなかったことについても考えさせたい。

　②班ごとで，前時にまとめた振り返りを発表し合い，設定した課題が解決できたかを話し合う。また，もう一度，ミニトマトを栽培するならば，さらに品質の良いミニトマトにする為には，どのような工夫ができるか考えさせたい。今回の栽培活動を通して，改善すべき点があれば，それを課題としてあげて，その解決のためにはどのようなことが必要かを班で考える活動も併せて行わせたい。また，食料の安定供給や，持続可能な社会を構築していく為に生物育成の技術が果たしている役割について考えさせたり，生産者・消費者の立場から作物の栽培や需要と供給について考えさせたり，より品質の良い作物や特徴のある作物を生み出す為に育種や品種改良の技術の大切さなども考えさせたい。

5　まとめ

　本節では，【これまでの栽培の経験から課題を見いだし「品質の良いミニトマト」を育成するための問題解決をしよう―農業技術の基礎・基本をおさえた生物育成の技術による問題解決―】をテーマに「栽培圃場の整備・土づくり」「なぜミニトマトが教材として選択されるか，その理由」「品質の良いミニトマトの栽培実践方法」について紹介した。本実践のように本物の農業技術に触れることで，農業技術の基礎・基本の知識・技能を習得し，小学校までの栽培活動では解決できなかった課題に対する解決策を思考し，主体的に問題解決する力を育成していきたい。また，中学校技術科の「生物育成の技術」において農業技術の基礎・基本をおさえた実践的・体験的な活動は，今後の持続可能な社会の構築や，安定した食糧供給の為に，非常に大切な学びといえる。義務教育の中で，このような体験を行うことで，将来の生物育成に関連した職業の担い手を増やすことや，新しい生物育成の技術を開発したりすることに繋がること，そして持続可能な社会の構築に繋がっていくことを願う。

（青山　陽介）

謝辞
　本節の執筆にあたり，これまで共同研究等でご指導してくださった愛知教育大学太田弘一先生，清水秀己先生に感謝の意を表します。

参考文献等
1)農林水産省：日本の食料自給率「令和元年度食料自給率について（PDF：930KB）
　https://www.maff.go.jp/j/zyukyu/zikyu_ritu/attach/pdf/012-16.pdf
2)中学校における校内の栽培圃場作成と技術授業等での栽培活動についての実践報告，著者：青山陽介，太田弘一，自然観察実習園報告 No.31/32 pp.1-8 愛知教育大学自然観察実習園実習園管理運営委員会（2012）
3)「土育」提案への覚書，著者：太田弘一，自然観察実習園報告 No.39pp.1-6 愛知教育大学自然観察実習園実習園管理運営委員会（2019）
4)稲作学習のための学校内への簡易水田作成方法の実践的検討と水田土壌の学習的意義，著者：青山陽介，水野陽平，太田弘一，愛知教育大学研究紀要（2020 投稿中）
5) 技術生物育成における学校内に設置可能な簡易水田を用いた魚類放流稲作の実践的研究，著者：青山陽介，太田弘一，日本産業技術教育学会第53回全国大会（岐阜）講演要旨集 P.15（2010）
6)中学校技術科「B生物育成の技術」におけるアクアポニックス教材の開発と実践，著者：青山陽介，浅野洋太，日本産業技術教育学会誌，第62巻，第1号，pp.63-73（2020）
7)中学校技術科「B生物育成の技術」を中心とした教科横断的な授業実践についての考察―総合的な学習「防災教育」との横断・連携―，著者：青山陽介，太田弘一，日本産業技術教育学会第53回全国大会（千葉）講演要旨集（2020）
8)もっと知りたい野菜の真実！野菜に本質を科学する，宮崎丈史，園芸新知識（2004）pp.39-40
　https://www.takii.co.jp/tsk/bn/pdf/20040139.pdf
9)イラスト新線野菜づくり，著者：山田貴義，社団法人家の光協会

―第11節―

問題を見いだして解決する力を育成する学習活動
― エネルギー変換の技術における指導の工夫 ―

1　題材について

　本題材では，「エネルギー変換の技術の見方・考え方を働かせ，生活に役立つ製品を開発する実践的・体験的な活動を通して，生活や社会で利用されているエネルギー変換の技術についての基礎的な理解を図り，それらに係る技能を身に付け，エネルギー変換の技術と生活や社会，環境との関わりについて理解を深めるとともに，生活や社会の中からエネルギー変換の技術と安心・安全に関わる問題を見いだして課題を設定し解決する力，安全な社会の構築に向けて適切かつ誠実にエネルギー変換の技術を工夫し創造しようとする実践的な態度を身に付けること」[1] をねらいとしている。

　この中でも特に，思考力，判断力，表現力等の育成に焦点を当てて考えた場合，「エネルギー変換の技術に関わる問題を見いだして課題を設定し，解決する力を育成する」ということになる。しかし，このままでは漠然としており，目指す資質・能力を育成するための具体的な指導を構築することは難しく，学習する内容と学習活動を整理する必要性があった。

　そこで，「エネルギー変換の技術に関わる問題を見いだして課題を設定し，解決する力を「①生活や社会の中からエネルギーの変換や伝達などに関わる問題を見いだして課題を設定する力」，「②課題の解決策を，条件を踏まえて構想し，回路図や製作図等に表す力」，「③試作・試行等を通じて解決策を具体化する力」，「④設計に基づく合理的な解決作業について考える力」，「⑤課題の解決結果や解決過程を評価，改善及び修正する力」とした。

　以上の背景を受けて，筆者は「問題を見いだして解決する力を育成する学習活動する学習活動」を具現化するためのブロック教材を用いた製作題材を研究してきた。本稿では，その中から，上述した①〜⑤の力を効果的に育むための学習指導に焦点を当てて実践を紹介する。

2　指導計画

　本稿では，「学習指導要領解説 技術・家庭編，Cエネルギー変換の技術 (2) ア・イ」に焦点を当てて，本題材の指導計画（12時間）を下表に示す。

表1　題材の指導計画

学習項目	指導内容・手順等	指導上の留意点
問題発見 課題設定 （2時間）	・自動で目的地まで移動できる車輛を想定し，エネルギー変換の技術を用いて解決する問題を見付ける。 ・問題が発生している原因を複数の視点から見つめ，より解決すべきだと考える課題を設定する。	・思考ツールを活用する。 ・ワークシートを用いて，問題の分類と課題設定を行う。 ・グループで意見交流を行わせる。
解決策を図で表す 作業計画の立案 （1時間）	・設定した課題に基づいて解決策を構想し，設計図や製作図として表す。 ・授業時数を踏まえた作業計画を立案する。	・課題に対する解決策について，ワークシートに図を用いて記入させる。
製作・実装 動作点検と調整 （7時間）	・使用目的や使用条件を踏まえながら，課題の解決策を安全・適切に製作・実装する。 ・製作品の動作を点検し，必要に応じて改善・修正する。	・毎時間の製作・実装の取り組みをワークシートに記入させる。 ・グループで交流を行い，製作品の構造や動作についてのアドバイスを互いにさせる。 （2時間に1回8分程度，メンバーを変えて行う。）
相互評価 作品レポート （2時間）	・生徒同士で製作品を交流し，設定した課題を達成できるのかを相互評価する。 ・作品レポートの作成を通して，設計や製作の過程についての改善や修正について考える。	・思考ツールを活用する。 ・ワークシートを用いて，学習活動を振り返る。

3　教材の特徴

　本稿では，「学習指導要領解説 技術・家庭編，Cエネルギー変換の技術 (2) ア・イ」に焦点を当てて本題材の特徴を述べる。主な特徴は，ブロック教材を用いた動力の伝達とその機構を学ぶ製作題材と思考ツールの活用，生徒による評価活動である。

（1）動力の伝達とその機構を学ぶ製作題材

　製作題材は，Lego Mindstorms NXT を採用した。Lego Mindstorms NXT は頭脳の役割を果たすモジュールを持ち，このモジュールに各種センサやモータを組み付け，専用の言語を用いてプログラミングをおこなうことで，様々な動作を行わせることができる。

図1　生徒による製作品の例

　しかし，本題材では，動力の伝達と機構に焦点を当てているため，このモジュールは使用せず，ブロックとバッテリー，モータのみを使用している。製作題材のブロックの種類は豊富で，歯車による動力の伝達に限らず，ウォームギアやプーリ，チェーンなどによる伝達も可能である。また，機構についても様々なクランク機構を製作することができる。

（2）思考ツールの活用

　本題材では，「問題を見いだして課題を設定する」場面でKJ法の手法を取り入れた思考ツールを使用している。技術分野の問題解決に際しては，技術の見方・考え方を働かせて多面的・多角的に学習課題を見つめる必要がある。そのため，KJ法の長所である課題に対する様々な視点を獲得することが可能になる点や，グループ内で情報が可視化されることで情報共有が容易になると考える。

　また，本校技術分野の学習では，対話の際の思考ツールとしてレーダーチャートを使用している。レーダーチャートには，複数の要素を同時に可視化することで全体像をつかみやすくするという長所がある。この長所を利用することで，自己の製作品の性能や問題点を他者に効率よく伝えることができ，質の高い対話が可能になる。また，他者の評価とのギャップに目を向けることで，新しい視点での解決策や解決過程を選択できるようになる。

エネルギー変換の技術⑪『生活や社会における問題を，エネルギー変換の技術で解決する』

人やものがつながる「理想の車」をつくろう①

年　　組　　番　氏名

【学習課題：生活や社会の問題から解決課題を探ろう】

《状況設定》

エンジニアリングチームＦに新たな依頼が来た。依頼主はグループの会長であるＮ会長の親戚が運営する福祉施設からである。会長からも直々に「依頼人の希望に全面的に答えるように」と指示があった。依頼の内容は以下の通りである。

現在，施設では，感染対策のため自動で近所のトレーニング施設まで利用者さんを運んでくれる車輌を求めている。この車輌の開発をチームＦに依頼する。

① 利用者さんが車輌を運転することはできない。
　※スタートやストップボタンを押すことはできる（バッテリーのスイッチを使用）。
② 利用者さんの**安心・安全**を最大限に考慮した動きであるものを望む。
③ 車輌の購入は本年度の予算でしか対応できないので，**繰り返し使える**ものを望む。
④ あまりに速度が上がると怖く，遅いと活動時間が制限される。**３０秒から４５秒の間で到着**することができる速度を実現すること。

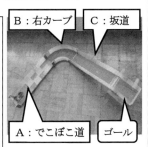

B：右カーブ　　C：坂道

A：でこぼこ道　　ゴール

何も工夫されていない状態。

《その他の決めごと》　車輌のコストは１ｇを１万円として計算する。

○　概念マップをつくろう　※関連するキーワードを 40 以上挙げよう
※技術の見方・考え方や二者視点を働かせて思考を広げていこう。

安全

理想の車輌をつくるために

交流メモ

図２　問題発見のためのパフォーマンス課題と思考ツール

人やものがつながる「理想の車」をつくろう-Final

年　組　番　氏名

【学習課題：開発・研究（問題解決）の取り組みを振り返ろう】

《写真》

授業の感想と自分の成長について

商品名	製作会社名

商品の評価

（5…とても優れている）

①強度・接合
②価格・コスト
③安全性
④力の伝達
⑤作りやすさ
※最大20点

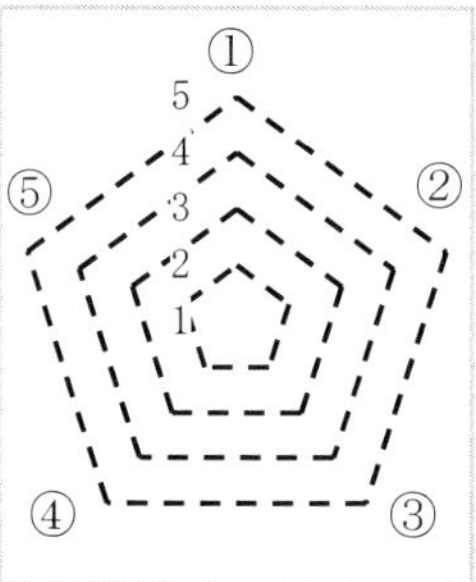

```
        ①
      5
     4
 ⑤  3      ②
    2
    1
    ④      ③
```

◎開発者はどんなことを大切だと考えているだろう。

◎実際の開発で難しいと思う「こと」は何だろう。

開発初期（ゴールを目指そう）

『　　　』

開発中期（解決課題の設定と追究）

『　　　』

開発後期（納品時）

『　　　』

図3　問題の解決過程を振り返るためのワークシート

（3）生徒が問題の解決過程を振り返るための工夫

　「課題の解決結果や解決過程を評価，改善及び修正する」場面では，ワークシートを用いて自己調整的に自己の学習活動を振り返ることができるよう工夫した。具体的には，課題の解決過程を数時間毎にまとめ，大きく三段階に分けて考えることにした。そして，それぞれの段階で構想と解決結果のギャップをもとに解決課程の評価について考えさせた。

4　授業内容

　ここでは，実践した学習の中から，「問題発見場面での思考ツールの活用」と「製作・実装，動作点検と調整」に焦点を当て，その授業内容を示す。

（1）思考ツールの活用

　本時の目標は「使用目的や使用条件を踏まえ，技術の見方・考え方を働かせて問題を見いだすことができる」とした。

　授業の導入段階では，本題材のテーマとそれに関わる使用目的や使用条件を生徒に提示し，エネルギー変換の技術を用いた問題解決的な学習への動機付けを図る。また，教室内に「施設からトレーニング場まで」を想定した模擬コースを設置（6コース製作）しておく。次に，1年生で行った材料と加工の技術での問題解決的な学習を振り返り，使用者と開発者の二つの視点から問題を探ったことや，技術の見方・考え方を働かせて問題発見や課題設定を行ったことなどを想起させる。最後に，現時点での理想の車輌について考えさせ，数名の生徒に発表させる。

　展開では，思考ツールを用いて「目的の車輌をつくるために考えなければいけないこと」について，開発者・使用者視点や技術の見方・考え方を働かせて思考を広げ，挙げられたキーワードをグループ化することで問題として分類していく。また，4人程度のグループで交流を行い，新しい視点や気づきをワークシートに書き加えていく（本実践では，他者からの意見は全て赤色で記入するようにし，思考の過程が見てとれるようにしている）。最後に，重要度が高いと思われる問題を生徒自身が決定し，自己の解決すべき問題として設定する。

　授業の振り返りでは，導入と同じ「理想の車輌」について考えさせ，学習の成果や自己の成長に目を向けさせる。また，次時では，本時で設定した問題をもとに課題設定を行うことを説明する。

（2）製作・実装，動作点検と調整

　模擬コースを走破しつつ問題を
解決する課題は，生徒にとっては難
易度が高く，自己の力だけで学習に
取り組むことが困難な生徒がいる
ことが予想される。そのため，ある
程度完走できる機構を持つ車輌の
見本や画像を用意し，学習進度に大
きな差が生まれないようにする事
ができた。また，2時間に一度のペ
ースでグループでの発表を取り入

図4　課題解決に取り組む様子

れ，他者の取り組みから自己の製作の見通しをもてるように工夫した。これに
より，生徒同士が互いの課題や解決過程を把握できるようになり，協働して製
作・実装を進めることができるようにもなった。さらに，グループでの発表に
併せて，生徒の製作品の画像を印刷し，課題解決の成果を記録するワークシー
トに貼り付けていくことで，ポートフォリオ的に動作・実装の取り組みを振り
返ることができるようにも工夫した。

　動作点検と調整については，生徒のみの力では発生している不具合や改善点
に気づかないことが多々見られる。そこで，一連の学習の中で，「コースの走破」，
「強度・再現性」，「動力伝達・時間」というチェックポイントを設けた。これ
により，生徒は定期的に審査を受け，不具合や改善点についてのアドバイスを
教師から受けられるようにした。

図5　生徒の製作品の例

5　まとめ・考察

　本稿では，筆者が実践した「学習指導要領解説 技術・家庭編，C エネルギー変換の技術（2）ア・イ」に焦点を当てて具体的な指導法を示した。

　学習を終えた生徒の多くが，「何かを良くしようとすると，何かが悪くなってしまう。トレードオフの関係で完璧なものはできない。そのため，何に視点を置いてつくるのかが大切」と振り返っていた。このことは，「(3) ア　生活や社会，環境との関わりを踏まえて，技術の概念を理解すること」や「(3) イ　技術を評価し，適切な選択と管理・運用の在り方や，新たな発想に基づく改良と応用について考えること」につながる重要な考え方を生徒が実感的に身につけたことを示している。

　まだまだ改善の余地は多いが，問題を見いだして解決する力を育成する学習活動についての一考を示せたのではないかと考える。

（関　健太）

参考文献

1)　文部科学省.「学習指導要領解説 技術・家庭編」(2019 年 7 月)

キット教材の製作を思考力・判断力・表現力を活用した題材へと発展させる指導の工夫：製品構想学習

1　題材について

　新学習指導要領「C エネルギー変換の技術」(2)イに「問題を見いだして課題を設定し，電気回路又は力学的な機構等を構想して設計を具体化するとともに，製作の過程や結果の評価，改善及び修正について考えること」とある。この中では課題の設定から解決策を構想し，それを具体化する活動が求められ，電気回路または力学的な構造を用いた問題解決が求められている。このことから，電気エネルギーを取り扱う題材の場合は電気回路の設計を行うことが望ましい。にもかかわらず，全国的にもそのような実践は少ない。

　筆者の勤務する北海道内の中学校においても同様の傾向が見られる。それは，教材開発の難易度や個に応じた生徒への指導の難易度が高いからである。このことは，新任教員である筆者も同様に高い壁と感じている。

　そこで筆者は，画一的なキット教材の製作を通しても，生徒の思考力・判断力・表現力を育成することができないかと考え本教材を考案した。本学習は，キット教材をただつくるだけでなく，学習展開の中で見方・考え方を働かせるための，主体的・対話的で深い学びを取り入れ，生徒の思考力・判断力・表現力を促せるように工夫している。そのため導入のコストが小さく，どんな学校でもすぐに取り組めることが最大の魅力になっている。

2　教材の特徴

　本題材では，3種類のワークシートを使用する。それぞれに役割があり，題材を通して見方・考え方を働かせ，生徒の思考力・判断力・表現力を育めるよう意図している。以下に3種類のワークシートを示す。

（1）拡散：思考を拡散させるブレインストーミング

　思考を拡散するためにブレインストーミングを行う。実施の際には，技術の見方・考え方に沿って発想を広げられるよう，図1のように中心概念とXチャートを合わせ，各見方に沿って記入できるように工夫した。また，4つの原則「批判厳禁」「自由奔放」「質より量」「便乗歓迎」を意識して活動に取り組ませる。

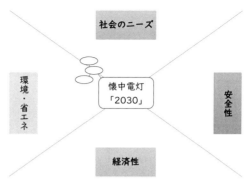

図1　ブレインストーミングの例

（2）収束：企画書

　拡散した思考を収束させるために企画書を製作させる。企画書は7つの項目で構成されている。(1)のワークシートから題材のテーマに基づき，製品の提案の背景をまとめさせる。企画書の例は次ページの図3に示す。

（3）評価：評価シート

　生徒が作成した企画書を班で検討させる。その際に，技術科の見方に基づいて評価できるように，図2のような評価シートを利用する。評価の中では，自己評価と他者評価を比較し，自己と他者の捉えや考え方の違いに触れられるようにすることで，多様な見方に触れられるようにする。

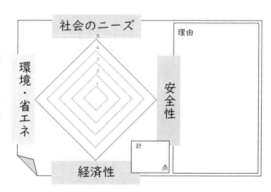

図2　評価シートの一部

中学校 技術・家庭 技術分野 C エネルギー変換の技術(2)アイ

◇新製品企画～懐中電灯『2030』② 企画書◇

２ 年　　組　　番 氏名

① 提案までのストーリー

○選んだ問題 → ○何が問題になっている…？ → ○解決のために、この商品で何ができなくてはならない…？

② 商品名（インパクト、わかりやすさ）

③ キャッチフレーズ（その製品がどんな製品なのか、それだけで伝わる文章を）

④ コンセプト（いつ、どこで、だれが、何のために…）

図【商品の説明もする】

⑤ 機能（何ができる？今までとの違いは）【社】【安】【環】【経】

⑥ 製作・使用に当たっての注意点・問題点

⑦ 金額

円

図３　企画書の例

3　指導計画

　本題材では，製作の目的に沿って製品を構想する問題解決に取り組む。学習の流れは，森山(2002)[1] を参考にしている。その際に，①設計アイデアのイメージ，②ブレインストーミング，③複数の設計アイデアの評価と選択，④試作品の作成，⑤設計アイデアの具体化，という学習活動に取り組むこのプロセスはアイデア創出の力や工夫・改良の力の形成に寄与することが示されている。しかしながら，既存のキット教材を用いた授業では，このプロセスを体験することができない。そこで，今回は④→①→②→③→(⑤)というように学習活動の順序を変えている。このようにすることで，既存のキットを使った学習をより問題解決的に取り行うことができるのではないかと考える。題材計画を表１に示す。

表１　題材の指導計画

時数	項目・事項	学習内容	評価
1〜3	(2)ア	懐中電灯の製作 『シンプルな懐中電灯を製作しよう！』 ・懐中電灯を製作する。	【知識及び技能】 はんだづけの評価
4		日本の「未来」を照らす懐中電灯2030 『"社会の問題"を解決する"機能"について検討しよう！』 ・懐中電灯の製作や，実際の使用を振り返って，懐中電灯にどのような問題があったかをワークシートに書き出す。 ・班でブレインストーミングを行い，どのような機能が必要か考えを広げる。 ・関連してＳＤＧｓの資料[2]を配布し，関心のある社会問題を自分で抽出させ，何が問題なのか，どうなったら解決したといえるかを考える。	【思考力・判断力・表現力等】 ワークシート
5	(2)イ	『企画書を作成しよう！』 ・前時配布済みの企画書を，コンピュータの検索や書籍を使って調べながら完成させる。	【知識及び技能】 ワークシート(企画書)
6		『中間評価で構想を相互評価しよう！』 ・現段階でできているところまでをお互いに評価する。その際に相互評価用のワークシートを使う。 ・相互評価後，再度企画書を製作する。	【学びに向かう力，人間性等】 ワークシート
7		『改善した電気スタンドを評価し合い，さらに改善しよう！』 ・前時に作成したワークシートをもとに班内で交流をする。 ・相互評価や他者の発表を通して，自分の構想を見つめなおし，修正する。 ・エネルギー変換の技術と私たちの生活との関わりについてまとめる。	【学びに向かう力，人間性等】 ワークシート

4 授業内容

　教材の特徴，指導計画を踏まえ，実践した授業の概要を示す。本題材は，第2学年を対象に行った。本題材を行うまでに，学習指導要領C（1）の知識・技能に該当する内容を履修済みで，生徒は基礎的な事項を習得している。題材名は，『日本の「未来」を照らす懐中電灯2030』と設定した。これは，SDGsを意識して2030年に必要となる懐中電灯を構想させるものである。

（1）キット教材の製作

　本実践では，懐中電灯型のキット教材を製作させた。キット教材の選定にあたっては，なるべく製作が簡易で機能がシンプルなものを選択するように心掛けた。簡易であることで生徒自身が製作に抵抗感なく取り組むことができ，機能がシンプルなことで既存の機能にとらわれずによりよい懐中電灯を構想できるようになると考えている。

（2）思考の拡散

　実際の使用に基づいた現状の課題を考えた後に「懐中電灯2030」というテーマでブレインストーミングを行わせる。未来の懐中電灯にはどのような機能が必要かについて，ワークシートを用いてアイデアを拡げていく。目標具体数を設定することで，グループ全員で協力してたくさん意見を出す意識が生まれる。広げたアイデアから着想を得て，それぞれが企画書の製作を進めていく。

図4　班でブレインストーミングに取り組む様子

（3）企画書の製作

　企画書は学びに現実感を出すために，商品名やキャッチフレーズを考案させた。また見た目も機能と併せて見た目も構想させた。見方・考え方の各視点に沿った製品開発が行えるよう，1つの機能を追加するたびに表2の示した金額を上げるようにする。それぞれの視点によって金額が異なることから，設計者が何を優先するのか，使用者のニーズとすり合わせながら構想を進めさせる。機能を盛り込みすぎると値段が高くなってしまうため，必要最低限の機能を考えなければならない。金額と機能のトレードオフを検討できるようにする。

表2　追加する機能と値段の対応表

追加する機能	設定した金額
「安全性向上」に関わる機能	300 円
「環境保護」に関わる機能	500 円
「社会の要求」に関わる機能	800 円
「エネルギー変換効率・省エネ」に関わる機能	300 円
その他の機能	一律 1000 円

（4）中間評価

　中間評価として，班内で相互評価を行う。自己評価と他者評価は必ずしも一致しないため，相互評価を通してそのギャップを埋めるために再度自分の構想と向き合うことができる。評価後は企画書づくりの続きを行う。

（5）コンペ形式での発表会

　それぞれが構想した企画書に基づいて発表させる。まず各班内で発表し，その中から代表を決める。その際に，前時の中間評価で使用した評価シートを利用する。班発表で代表を決めたのち，その代表が学級全体の前で発表する流れで行った（図5）。発表の際には，生徒の構想したワークシートをプロジェクターで投影させ，学級全体に見えるようにしながら発表させた。

　その際，聞き手は評価シートを使って発表者を評価しながら聞くようにさせた。授業の終わりに班別に集計を行った。そして，次の時間の始めにコンペの結果を発表し，1位の製品開発者に賞状を渡した。

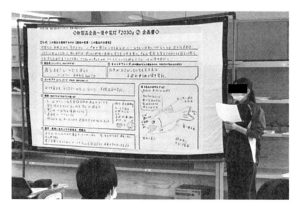

図5　全体の前で企画書を発表する様子（イメージ）

5　授業の分析

　実践に際して，世良ら(2016)[3] を参考に作成した 10 項目からなるアンケートを行った。アンケートは４件法で，「とてもそう思う（４点）」「少しそう思う（３点）」「あまり思わない（２点）」「全く思わない（１点）」とし，実践の前後で平均値を比較した。10 項目の中から t 検定で有意に差が出たものについて考察する。

表3　授業前後の項目(7)における平均値の差

設問	授業前 平均 (標準偏差)	授業後 平均 (標準偏差)	t 値
生活や社会の中で利用されているエネルギー変換の技術の中から，自分なりに適切だと思う技術を選択し，活用することができる。	2.62 (0.82)	2.91 (0.82)	1.97**

n＝192,　　*$p<.05$　　**$p<.01$

　表３に示す項目(7)で有意に平均値が上昇した。これは授業の中で，ブレインストーミングで広げたアイデアから自分の構想に取り入れたり，相互評価において他者と意見を交流したりする中で技術と向き合うことができたからだと考えられる。このことから，技術を評価し活用する力が高まったと考えられる。

　また，アンケートの前後での肯定群（「とてもそう思う」「少しそう思う」と回答した生徒）と否定群（「あまり思わない」「全く思わない」と回答した生徒）の人数をχ^2検定及び残差分析にて両群の差を比較した。その結果を表4に示す。表4から授業に対して肯定的に捉えている生徒の割合は，授業前よりも授業後の方が有意に多いことが分かった。

表4　授業前後の項目(7)における肯定群と否定群の数の変容

		肯定群	否定群	$\chi^2(1)$
	回答数(割合)	116(60.4%)	76(39.6%)	
授業前	期待値	129.5	62.5	
	調整標準化残差	-2.9**	2.9**	8.0**
	回答数(割合)	143(74.5%)	49(25.5%)	
授業後	期待値	129.5	62.5	
	調整標準化残差	2.9**	-2.9**	

χ^2検定及び残差分析，$^{**}p<.01$，$^{*}p<.05$

　これらに加え，授業後に「あなたはこの授業を通してどのような力がついたと感じますか」について自由記述させ（表5），それをテキスト分析ソフト（KH-Coder）で共起ネットワーク図に示した（図6）。この図は，円の大きさが出現数で，線の太さが共起の強さになって表れる。

　図6で一番目立ったのは「考える」力である。この「考える」という言葉には「自分」「問題」「解決」「社会」という言葉が共起した。企画書を書く中で，自分の手で社会の問題を解決できるように考えて企画書をまとめた学習活動が影響したと考えられる。また，少数ではあるが授業の中で繰り返し指導してきたメリットとデメリットの視点から考えることができたと感じる生徒がいた。他に，相互評価や自己評価の活動から，評価する力がついたと感じている生徒がいることが分かった。これらの力は，本授業実践が目的としていた思考力・判断力・表現力の育成を目指すにあたって，それに類する力であると考えている。

表5　生徒の記述（一部抜粋）

> ・どうすれば問題が解決するのかを考える力
> ・製品の良いところ，悪いところを見つける力
> ・相手（＋自分）のことについて評価する力
> ・問題解決に向けての懐中電灯の規格を考えてみて，どうすればその問題の解決
> 　にいたるか考えること
> ・どうすればその国の人たちを助ける想像力やどのようにしたら使いやすかっ
> 　たり安全に省エネに様々な人に使えるか考える力

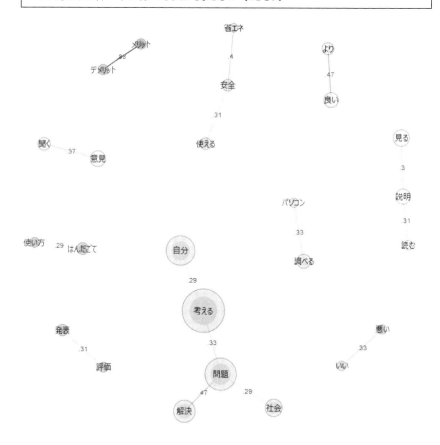

図6　授業後の生徒の獲得感

6　まとめ・考察

　本実践では，Cエネルギー変換の技術の授業で，画一的なキット教材を製作する中で生徒の思考力・判断力・表現力を活用できるように3種類のワークシートを用いた授業を行った。題材を通して，ブレインストーミングや企画書の製作に熱心に取り組む生徒の姿が見られた。また，相互に評価する場面では自分の意見を持って活発に議論する姿が見られた。生徒たちは以前よりも班活動の際に班員と協力して活動に取り組んだり，グループで相互に意見を述べたりする姿が増えたように感じている。また，SDGs について学んだことが他教科の学習にいかせている様子もうかがえた。

　結果として，本実践では3種類のワークシートを用いる比較的簡易な工夫により，画一的なキット教材を生徒の思考力・判断力・表現力を育成する題材へと発展させることができたのではないだろうか。

　しかし，実践の中では本来行うべき生徒への指示が不明確でうまく伝わらなかったり，時間配分が不適切だったりと自分自身の指導力のなさでうまくいかない場面が多々あった。本実践に限らず，教師として自己の力量を高めていけるように研鑽を積んでいきたい。

（勝瀬　駿太）

参考文献等

1) J. Moriyama, M. Satou, C. T. King (2002) 「Problem Solving Abilities Produced in Project Based Technology Education, The journal of Technology Studies」, Vol. XXVIII No. 2, pp. 154-158

2) 世良啓太・森山潤・勝本敦洋・末吉克行・上野耕史(2016)「中学生の技術ガバナンスに対する意識の実態とその形成要因に関する探索的検討」日本産業技術教育学会誌　第58巻　第3号，pp. 151-158

3) unicef「私たちがつくる持続可能な世界」　https://www.unicef.or.jp/kodomo/sdgs/kyozai/dl/SDGs.pdf　（最終閲覧日：2020年12月30日）

―第13節―

「micro:bit」を活用した計測・制御のプログラミング

1 題材について

　小学校の新学習指導要領は，2020年度から実施されている。社会の変化を見据えた新たな学びへと進化する内容として「プログラミング教育」が必修化された。また，中学校では2021年度から新学習指導要領が全面実施である。

　人工知能（AI）やビッグデータ，スマートフォンの普及，グローバル化などの技術革新が進み，さらに社会変化が加速度的に進むことが予測される。その中で，中学校技術・家庭科（技術分野）においては，D「情報の技術」の(2)ネットワークを利用した双方向性のあるコンテンツのプログラミングによる問題の解決や(3)計測・制御のプログラミングによる問題の解決など，より具体的な内容の明示がされた。このように，新学習指導要領では，さらなるグローバル化や情報化などに対応し，私たちを取り巻く社会の課題に向き合い，解決しようとする力の必要性が増していることを示している。

　小学校プログラミング教育の内容は，「小学校プログラミング教育の手引」（第三版）にも示されているように，プログラミングに関する学習活動の分類と指導の考え方として，

　A　学習指導要領に例示されている単元等で実施するもの

　B　学習指導要領に例示されてはいないが，学習指導要領に示される
　　　各教科等の内容を指導する中で実施するもの

　C　教育課程内で各教科等とは別に実施するもの

　D　クラブ活動など，特定の児童を対象として，教育課程内で実施するものなど専門教科ではなく，多岐にわたる学習活動において実施される。そのため，自治体や学校に任されている部分が多く，履修に差がでることが予想される。「未来の学びコンソーシアム」には低学年の学習も紹介されているが，多くは，小学校3・4年生から徐々に学習する学校が多くなると予想できる。

　本校は，義務教育学校であり，小学校3年生から学習をスタートしている。

小学校で4年間学習してきた生徒を中学校の内容に移行したときには，プログラミングの基礎と考え方が定着していると考えられる。そのため，中学校3年生で扱う計測・制御のプログラミングによる問題の解決では，ある程度の知識を生徒が主体的に活かせる「micro:bit」を選定した。これは，自分が意図する一連の活動を実現するために，①どのような動きが必要であるか，②どのように一つ一つの動きを組み合わせたら良いか，③どのように改善したら良いか，など，目的やゴールから逆算し物事を順序立てて考え，結論を導き出して実行することが可能であり，論理的に考える力の育成が期待できるためである。

2　題材の特徴

（1）micro:bit について

micro:bit（図1）は，イギリスのBBCが主体となって開発した教育向けのマイコンボードである。イギリスでは，日本の小学校5・6年生にあたる11歳～12歳の児童全員に無償で配布され，授業の中で活用している。動作をプログラミングできる25個のLEDと2個のボタンスイッチがメインにあり，加速度センサと磁力センサ，無線通信機能（BLE）を搭載している。USBケーブルでPCと接続し，簡単に書き込むことが可能である。全ての開発環境がウェブブラウザ上で動作するため，環境構築を行う必要がないことも扱いやすさを示している。micro:bitのプログラミング言語は，JavaScript言語とPython言語等で動作が可能であり，Microsoft MakeCode for micro:bitを使用すると，ビジュアルプログラミングにボタン一つで切り替えることも可能である。

図1　micro:bit の表（左）と裏（右）

令和2年度の文部科学省主催，教育課程研究協議会においての事例では，全国の都道府県で採用している自治体が多くあった。このことからも micro:bit は，実用事例も多くあり，非常に扱いやすいマイコンボードである。また，プログラミングやセンサの入門にも最適であると同時に汎用性も高いため，時間数に応じた計画を立てることができる。

（2）題材の拡張
　micro:bit には，様々な拡張キットが販売されている。micro:bit 本体に直接装着するものや micro:bit 自体を別の自律走行する車体などに装着して AI カーの開発をすることも可能である。今回は，Pinetree Electronics Ltd 社の Osoyoo という商標で販売している micro:bit に取り付けできる各種センサを使用する。その中でも，スターターラーニングキット（図2）を採用した。周囲変化の出力信号を受信して，光，モーターやアクチュエータ等がありマイコンを通じて変化に対応した動作を制御させる事ができ，誰でも容易に双方向性のプロジェクトを作成できる。ブレッドボードを採用しているため，はんだ付けをする必要がなく電子回路の学習も同時にできる。また，HP にチュートリアル等も掲載されている。

図2　スターターラーニングキット

3　指導計画

（1）題材について

　この題材の授業では，数年に渡って様々な展開で進めてきた。その中で，自動制御車などを利用して問題を解決する内容より，新しいセンサ等を複数取り入れた方が自ら学習し新たに挑戦する姿勢が見られた。そのため，生徒自身が自分のレベルにあわせることを前提に問題と捉えた内容を解決できるセンサを準備した。最終的な課題を解決するプログラムの制作場面では，協働的に取り組めるように，グループ学習などを効果的に取り入れ，新たな発想で応用させたい。指導計画については，生徒のスキルを適切に把握しながら躓かないように順番を適宜入れ替えながら進めていくことが必要である。

（2）「プログラムによる計測・制御」における能力の育成

　最終目標としては，計測制御の技術を適切に評価して，活用できる力の育成である。そのための概略は以下の通りである。

```
┌─────────────────────────────────────┐
│ 計測・制御に関わる基礎的・基本的な知識の習得 │
└─────────────────────────────────────┘
  ①計測・制御の要素の理解　（システムの構成）
  ②インタフェース　　　　　（アナログ信号⇔ディジタル信号）
  ③計測・制御の仕組み　　　（計測したい環境測定，機器の動作制御）
  ④プログラム　　　　　　　（コンピュータの処理手順，変数や関数等）
  ⑤フローチャート　　　　　（基本的な処理の流れ，アルゴリズム）
 ┌──────────────┐
 │ 知識・技能の活用 │
 └──────────────┘
  ①micro:bit の操作　　　　（内蔵されたセンサ等の計測・制御）
  ②計測・制御の技術の活用　（課題の取り組み）
┌─────────────────────────────────────┐
│ 目的に沿った最適な計測・制御の活用ができる │
└─────────────────────────────────────┘
```

　計測・制御の基本的な仕組みを理解させ，原理や処理内容を理解する。さらに，計測・制御の技術を適切に評価し，課題解決のために工夫しながらプログラムの作成を通して，活用できる力を育成する。また，改良や改善を通して，自ら課題を設定し，課題解決に向けて意欲的に取り組む態度と能力を育成する。

表1　題材の指導計画

学習項目	指導内容・手順等	指導上の留意点
計測・制御のしくみがわかる。 （1時間）	・生活の中で使われている制御について調べる。 ・計測が使用されている製品について調べる。	・身の回りにある電気機器の多くが計測・制御の役割をもった製品であることに気づかせる。
フローチャートについて理解する。 （1時間）	・プログラムの役割などについて理解し，フローチャートの作成方法を知る。	・フローチャートとプログラムの仕組みがわかり，簡単な作成方法を知る。
センサの働きについて理解する。 （1時間）	・1時間目に調べた製品のセンサがどのような働きをしているかまとめる。	・センサを用いたプログラムの流れをフローチャートで作成できるように指導する。
micro:bit の使用方法を知る。 （2時間）	・MakeCode for micro:bit を使用して，簡単なプログラムを作成する。	・最初にゲームなどのプログラムをさせて，興味関心をもたせる。
センサ等を利用したプログラムの作成 （6時間）	・センサを活用したプログラム作成の手順を考える。	・プログラムの基本的な理解を念頭に順を追って展開していく。
情報技術を評価・活用 （2時間）	・持続可能な社会の構築に向けて，情報，エネルギー変換の技術を評価し，応用することができる。	・製品を適切に選択，管理・運用し，新たな発想で改良できるように促す。

4　授業内容（センサ等を利用したプログラムの作成）

（1）題材について：RGB LED を使用したプログラム

　　micro:bit 本体には，LED が25個あり点灯させたりゲームを制作することもできる。今回，RGB LED を使用するのは，内容C「エネルギー変換の技術」の電気回路の学習と結び付けられるように縦の繋がりを意識している。また，技術が生活の向上や産業の継承と発展，資源やエネルギーの有効利用，自然環境の保全に貢献していることについて想起させ，省エネルギー化に向けた生活や社会の中における問題を考えさせたい。

（2）題材の目標

（知識・技能）

　　計測・制御システムの仕組みについて理解を図るとともに，それらに係る技能を身につけ活用する。

（思考力・判断力・表現力等）

　　情報技術の活用を効率化などの視点から評価し，意図する動作を実現するために手順の組み合わせを改善し，より意図した動作になるように論理的に考え課題を解決する。

（主体的に学習に取り組む態度）

　　多面的・多角的に物事を捉え，より良い生活の実現に向けて，プログラムを創造し工夫しようとする実践的な態度を養う。

（3）展開例

　　様々な課題を用意し，本時の学習でのテーマを理解することを目的として生徒個々の能力に応じた学習となるように工夫する。

図3　授業の様子　　　　図4　信号機のプログラム

表2　題材の指導計画

時間	学習活動と内容 (予想される児童・生徒の反応)	指導上の留意点・支援・評価 (教師の活動)
導入 （3分）	・本時の学習内容と目標の確認等 ・前回の復習	○学習内容の定着を図るため,プログラミングのポイントを丁寧に復習する。
	いろいろなセンサを使用して用途にあったプログラムを作ろう	
展開1 （12分）	1.センサを使ってプログラムを作成する。	・最初の課題は,目的に合ったものを選択する。
展開2 （30分）	2.信号機のプログラム ・ボタンAを押すと青に変わり,ボタンBを押すと青,緑,赤にそれぞれ1秒間停止しながら変わり,ボタンAとBを同時に押すと赤から青に3秒間停止する信号を作る。(様々なパターンで可能だが,学習したプログラムの内容がある。) 3.自分で設定したテーマのプログラムを作成する。	・使うセンサや部品は指定する。(micro:bit専用T型拡張ボード,ブレッドボード,RGB LEDセンサ等) ・個々の課題や進度に対応できるようにヒントの段階を設けて,プレゼン等で示しながら進める。 ■今まで学習してきたことを活かしてプログラムを作成できたか。
まとめ （5分）	4.本時の振り返りとまとめ ・作成したプログラムを評価し,どのように改良できるかを振り返る	○良いプログラムの作品を紹介する。 ・自己評価を聞く。

5　まとめ・考察

　学習を通して，生徒は様々なプログラムを作り上げた。しかし，ブロックとコードでのプログラムは，考え方は同じでも全く違う捉え方をしていることが見受けられた。やはり，コードで書いてはじめてプログラミングができるようになってきたと意識している生徒が多くいたことからも小学校から学習してきた生徒にはプログラミング言語を使用した学習が必要とも考えられる。

　プログラミング教育の導入には様々な課題があった。しかし，児童や生徒にとっては，学ばなければいけない内容であるため，指導しなければいけないことに変わりはない。内容が幅広いため，独学で一から学ぶことは非効率であると考えられる。そのため，題材選定などは各自治体任せになることもあるだろう。ただし，日々の何を教えるかと経年によって基本的な知識をつけている子ども達に上積みしていくことは容易ではない。小学校では，どの教科で教えるかという指導場面の問題もあるが，アンプラグドやビジュアルプログラミングでの学習は，数年後にはほとんどの子どもが経験し中学校に入学してくることを考えると内容や方法は指導できるようにしておきたい。そういった意味でも今回のmicro:bitは，基礎的な内容だけでなく発展的な内容にも対応できることから手軽で授業しやすい題材である。学習していく目的は同じであるとしても，アプローチの仕方は，学校やクラスの雰囲気や事情によって創意工夫していくべきことであり，各自が内容を主体的に選んでいくべきである。やっている内容がそれぞれ違うとしても，学校単位などのカリキュラムマネジメントで良いと考えられる。まずは，しっかりと指導できる力をつけたいものである。

（小澤　雄生）

参考文献等

1) 文部科学省：学習指導要領解説　技術・家庭科編（平成 29 年 3 月，平成 30 年 3 月告示）
2) 開隆堂：技術・家庭　技術分野（令和 3 年度版）
3) micro:bit 教育財団：microbit.org
4) Osoyoo.com：https://osoyoo.com/ja/2018/09/24/osoyoo-starter-learning-kit-for-bbc-micro-bit/

—第14節—

地域の課題を計測・制御の技術で解決しよう

—10年後の西宮北口が安全で快適な街になるための工夫を考えよう—

1 題材について

情報社会（Society 4.0）に続く，新たな社会（Society 5.0）が我が国の目指すべき未来社会の姿として提唱された。IoT（Internet of Things）や，人工知能（AI）の技術が駆使された新たな社会を生きていく生徒たちにとって，情報や計測・制御の技術は生活の一部でもある。そして，その技術をもとに身の回りで起こる問題を解決し，自らの生活に活かすことが必要であると考える。

また，モータリゼーションにより，自動車利用が増加し多様化や発展していることで，自動運転車実現の社会も決して遠くない。近年問題となっているペダル踏み間違いによる事故などを防ぐためには，先進安全自動車などの技術面の進歩で運転者をサポートすると同時に，バリアフリー化された道路環境の形成で歩行者保護を推進することが必要である。交通事故数を最小限にとどめるためには，人，車，道路のすべてで交通安全をさらに進化させる必要がある。

本題材では，ロボットプログラミングキットを用い，地域の交通課題を解決するためのプログラミングを行う。センサを用いて，衝突防止や車線はみ出し防止を考え実現する。身近な生活に活かされている技術と関連づけ，プログラミングの基礎から応用まで学ぶことに適した題材である。

課題の設定		課題解決に向けた設計・制作（プログラミング）		資質・能力の育成めざす生徒像
地域の交通課題を減らすために，安全性が高まるよう改善・修正するための解決策を見いだす。	→評価と修正←	交通課題の解決策を踏まえて，プログラムの制作，動作の確認及びデバッグ等を行い，プログラミングを行う。	→評価と修正←	適切なプログラムの制作，動作の確認及びデバッグ等ができ，問題を見いだして課題を設定し，解決策を構想しようとする。
		働かせる見方・考え方		
		使用時の安全性，システムの見方を働かせ，情報の処理の自動化，システム化の方法等を最適化することについて考える。		

図1　学習の流れ

- 186 -

2　教材の特徴

（1）ロボットプログラミングキットについて

　壊れにくく頑丈で，簡単な操作で理解しやすいソフトとなっている，教育用ロボットプログラミングキットである。平成 30 年（2018 年）度，兵庫県西宮市立全中学校に計測・制御のロボットプログラミングキットが一斉導入された。ロボットプログラミングキットは，オリジナルのプログラミングソフトを使用する。

図2　ロボットプログラミングキット

（2）プログラミングソフトについて

　「C言語」をアイコン化しており，タッチ操作だけで直感的にプログラミングを行うことができ，[while]や[if]などのC言語の仕組みや論理的思考が自然と身につく簡単かつ本格志向のソフトである。基礎から応用まで多岐に渡ったサンプルプログラムも充実しており，センサを使った衝

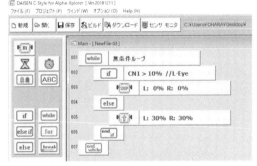

図3　プログラミングソフト例

突回避や落下防止，ライントレースなどの動作を簡単に体験することができる。

(参考) ロボットプログラミングキットを使用した授業を開始するにあたって

【教材準備】ロボットの購入とプログラミングソフトのダウンロードを行う。
　単3乾電池，通信用 USB ケーブル(A−B)は台数に合わせて購入する。

【簡単組立】ドライバーと付属のスパナを使って 10 分程度で組み立てることが可能であり，はんだづけの必要はない。

【拡張機能】オプションパーツから本格的なセンサやデバイスなどを追加することが可能であり，授業の幅を広げることができる。

---

3 指導計画

「D 情報の技術」の学習内容に,「ネットワークを利用した双方向性のある
コンテンツのプログラミングによる問題の解決」が加わったため,「計測・制御
のプログラミングによる問題の解決」の授業展開は,全8時間とした。

なお,時間に余裕があれば,センサを用いたプログラムについて,条件分岐
をより複雑にしたり,追加のセンサを用いたり,更に高度なプログラミングを
行うことも可能である。

表1 題材の指導計画

○ねらい ・学習活動	指導内容・手順等	指導上の留意点
○計測・制御の仕組みを理解しよう ・計測・制御のしくみについて基礎を定着する。 (2時間)	・センサ,コンピュータ,アクチュエータ等の計測・制御システムの要素やインタフェースの必要性,一連の情報がプログラムによって処理されることを理解させる。	・計測・制御システムについて身近な例をあげて説明する。 ・入力,処理,出力やシステム構成などの要素を構想して設計させる。
○情報処理の手順とプログラムを理解しよう ・ロボットを用いて,順次処理型のプログラムを制作して実行する。 (2時間)	・順次処理の手順や構造を入力して,動作をテストやデバッグし,誤ったプログラムの修正をさせる。	・具体的なプログラミングやデバッグの方法について指導する。 ・ロボットの使い方など安全には十分に配慮する。
○地域の課題を計測・制御の技術で解決しよう ・条件分岐型と反復型のプログラムをセンサの利用とともに考え,工夫し共有する。 (3時間)	・身の回りの計測・制御に関する課題を見つけ,安全性や利便性,社会からの要求について,システムを最適化することを考える。分岐や反復の情報処理を使用する。	・地域の交通課題に着目させ,自身の生活とつながる課題を設定させる。 ・情報の技術の見方・考え方を意識させながら,最適化を目指して問題解決を行わせる。
○計測・制御の技術を今後の生活に活用しよう ・自らや将来の課題と照らし合わせ,計測・制御の技術を活かす方法を考える。 (1時間)	・既存の計測・制御システムについて改善したり,新たな課題を設定したりすることで,計測・制御の技術を活かす方法を考える。	・新たな課題を見いだし,未来に向けた改良や,技術の将来展望について考えさせる。 ・自分なりの新しい考え方や捉え方を活かせるよう指導する。

4　授業内容

（1）授業の展開例（6／8）

学びのプロセス 見方・考え方	具体的学習活動	指導・支援・評価
導入 意欲を持つ	・本時の目標を知る。 ・センサについて復習する。	・本時の目標を確認させる。 ・センサの活用方法を考えさせる。
展開1 気付く 共有する	**安全で住みやすい街になるための工夫を考えよう**	
	・身のまわりの計測・制御の技術と関連付けて考える。（一斉） 予想される生徒の反応 ○自動ブレーキがかかる。 ○自動運転ができる。 ○はみ出し警告音が鳴る。	【ICT活用】ＰＣとプロジェクタを使い説明する。 【補助発問】「安全性」の視点から考えさせる。 【補足説明】考えた工夫点をワークシートに記入しよう。
見方・考え方 センサの値を変化させることやプログラムを追加することでより安全なシステムに最適化することについて考える	地域の課題を解決するプログラムを考えよう A：はみ出しを防ぐ車　B：ぶつかりを防ぐ車	
	・プログラムを実行する。 ・正しくできているか確認し，議論する。（班）	【教具】ＰＣとロボットを使用させる。 【補足説明】考えた工夫点を記入しよう。 【支援】「センサの使い方」「プログラムの追加」に関して助言する。
展開2 共有する 考えを深める	**班ごとに考えた工夫点を発表しよう**	
	・完成したプログラムを実演する。（一斉） ・工夫したことを発表する。 予想される生徒の反応 ○センサの値の変化に着目する。 ○センサが反応した後に少し戻り方向転換する。 ○センサが反応しやすいようにスピードを緩める。	・課題解決に近づいた班の工夫点を発表させる。 【支援】プログラムを提示し解説する。 【補足説明】考えが深まった工夫点をワークシートに記入しよう。 評価 ワークシートに工夫した点が記入できているか。 評価 プログラムが正しくできているか。
見方・考え方 他者と意見を共有し，互いの実践を評価・改善することで，課題解決への考えを深め，社会からの要求について考える		
まとめ 振り返る	・本時の振り返りをする。 ・次時の課題を確認する。	・本時の内容を整理する。 ・次時の内容を予告する。

（2）授業実践例

　基本は２人にロボット１台で取
り組む。ＰＣ１機でプログラムを
作成し，もう１機は例示用とす
る。

　以下①，②の２パターンで授業
を行い評価する。

　①グループで課題を解決するプ
ログラムを作成し，学習後に発展
的な課題に個別に取り組ませるこ
とで評価を行う。

図４　授業風景１

　②１人でプログラムを試作し評価した後，グループで話し合い，１つの改良
案を作成する。

■順次処理型（センサを活用しないプログラム）

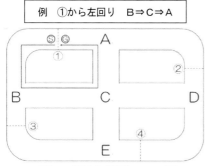

| 例 | ①から左回り | Ｂ⇒Ｃ⇒Ａ |

図５　順次処理型 コース図

図６　授業風景２

　左右のモータの回転数の差（曲が
る角度）や回転時間を変化させ，デ
バッグを繰り返しながら，無駄を省
き，プログラムの最適解を見つけ，
コースをクリアする。

001	↰	L: 20% R: 70%
002	⧗	Wait: 1.0 秒
003	↑	L: 30% R: 30%
004	⧗	Wait: 0.8 秒
005	↰	L: 18% R: 77%
006	⧗	Wait: 0.7 秒
007	↑	L: 80% R: 80%
008	⧗	Wait: 2.0 秒
009	STOP	L: 0% R: 0%

図７　順次処理型 プログラム例

■条件分岐型・反復型（センサを活用したプログラム）

　地域の交通課題を考える際に，休日を中心とした渋滞やそれに伴う事故があげられた。また，その課題解決として，事故防止を目的とした衝突回避や車線はみ出し防止，渋滞での自動運転があげられた。

　付属の反射センサを下方向に取り付けることで，落下防止，車線はみ出し防止を実現させ，前方向に取り付けることで，衝突回避や自動追随システムを実現させる。

　センサを活用しない順次処理型のプログラムでは，電源電圧の変化などにより，同じプログラムでも動作が少しずつ変化するが，センサを活用する条件分岐型や反復型のプログラムでは，そのような動作の変化によらないため一定のプログラムを実行することができる。

図8　反射センサ

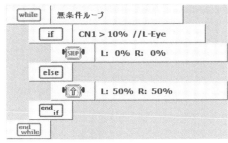

図9　衝突回避　プログラム例

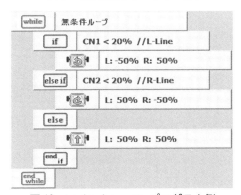

図10　ライントレース　プログラム例

　条件が成立した場合は，次の行からプログラムは実行され，[else if]または[else]ボタンに出会うと[end if]までスキップする。

　条件が不正立の場合は，次の[else if]か[else]までスキップし，無ければ[end if]までプログラムはスキップする。条件成立の間，[while]と[end while]の間に置かれたプログラムボタンが繰返し実行される。

　図9の例について，CN1のL-Eyeセンサが10%より大きい場合，モータを停止し，CN1のL-Eyeセンサが10%より小さい場合，モータを前進するといったことになる。

5　新学習指導要領に向けて

（1）評価規準と評価方法について

次時の学習へのつながりを意識して評価規準を設定した。評価方法に関して，1時間ごとの評価と全時間を総括した評価の双方を扱う必要がある。

表２　評価規準と評価方法（全８時間）

時間	指導項目	評価規準・評価方法		
		知識・技能	思考・判断・表現	主体的に学習に取り組む態度
1・2	D(3)ア	計測・制御の仕組みを理解できている。		計測・制御の仕組みについて主体的に学習できている。
		テスト		ワークシート・発言
3・4	D(3)アイ	適切なプログラムの制作，動作の確認及びデバッグ等の技能を身に付けている。	プログラムを工夫してよりよく改良するように考えられている。	主体的に考え，プログラミングに取り組むことができている。
		テスト・プログラム	プログラム	ワークシート
5〜7	D(3)アイ	センサを用いた分岐型と反復型のプログラムについての知識・技能を身に付けている。	技術の見方・考え方を働かせて問題を発見し，解決策を構想することができる。	自分なりの新しい考え方や捉え方によって，解決策を構想しようとする。
		テスト・プログラム	プログラム・ワークシート	ワークシート
8	D(3)イ		計測・制御の技術を活かす方法を理論立てて考えることができている。	自らの問題解決とその過程を振り返り，改善・修正できている。
			ワークシート ポートフォリオ	ワークシート・発言 ポートフォリオ・ノート

（2）ワークシートについて

評価規準に合った適切な問いかけを行い，調べたことや自分の考えを書かせ，技術の捉え方や，最適化の考え方に気づくことができているか等を評価する。

1　制作したプログラムの内容を改善・修正する前後で書きましょう。

個人で工夫した案	改善 修正	班で話し合い改善した案
壁に衝突しそうになると，少し後退して切り返した後，再度進む。少し後退することで巻き込みを防止することにつながる。	⇒	壁に衝突しそうになるとき，速度を緩め，センサの感度を上げることで，より衝突しにくく安全性が高まるプログラムになる。

2　あなたが考えた社会に活かせるような使用時の安全性やシステムを書きましょう。

技術面の進歩で運転者をサポートすると同時に，歩行者に車両接近を知らせるようなシステムが必要である。自動車の安全性についての視点だけでなく，歩行者の目線にも立ち，バリアフリー化された道路環境の形成で歩行者保護を推進することなど，社会からの要求についても考えるべきだと思う。

図11　計測・制御のプログラミングによる問題の解決　ワークシート例

（3）ポートフォリオについて

作業記録を残して振り返ることで，課題解決できたか，新たな課題発見があったか，どんな最適化の考え方に気づいたか等を授業ごとに残していく。定期試験等だけでは測ることができない発想力や構想力，実習の過程やプロセスを評価するために活用する。

	授業日	ねらい	授業の進度	振り返り（問題発見・最適化）	点 検
1	11/19(木)	計測・制御の仕組みを理解しよう	目標とする作業まで到達したか。次時に接続できるように記入する。	授業で解決した課題や，見方・考え方を働かせ最適化できたこと，新たに発見した課題などを記入する。	指導者から評価やコメントを記入する。
2	⋮	⋮	⋮	⋮	⋮
3	12/17(木)	情報処理の手順とプログラムを理解しよう	課題①が完成。次回課題②から。センサの値を変化させ，より精度を高める必要がある。	センサの反応が，安全性が高まることにつながると気がついた。次回は最適な値を見つけ，プログラムを作成したい。	課題②はデバッグを繰り返して最適化できるようにしよう。
⋮	⋮	⋮	⋮	⋮	⋮

図 12 計測・制御のプログラミングによる問題の解決 実習記録シート例

6 まとめ・考察

「技術による問題の解決」では，これまでの学習を踏まえた統合的な問題について取り扱うこととなった。今後本教材では，水分，温度，照度といったセンサを追加することで，灌水システムや温度，日射量を管理するシステムを提案し，「B 生物育成の技術」と統合した教材にすることができる。また，メロディブザーやシグナルLEDを追加し，「C エネルギー変換の技術」と統合した教材にすることもできる。プログラミングでは失敗してもデバッグ等を繰り返し，試行錯誤を重ねることで最適化を目指すことができる。失敗したから終わりではなく，失敗した後どうするか考え対応することを通して，「プログラミング的思考」を生徒には伸ばしてほしいと考える。

（小原 直也）

参考文献等

1) 中学校学習指導要領解説 技術・家庭編
2) 「指導と評価の一体化」のための学習評価に関する資料【中学校 技術・家庭】
3) https://www.daisendenshi.com/ 株式会社ダイセン電子工業ウェブページ

―第 15 節―

双方向ネットワークを用いたコンテンツ開発の問題解決学習
―「主体的・対話的で深い学び」を実現するための教材活用を通して ―

1　題材について

　本題材は，中学校学習指導要領　技術・家庭〔技術分野〕内容D（2）イ「問題を見いだして課題を設定し，使用するメディアを複合する方法とその効果的な利用方法などを構想して情報処理の手順を具体化するとともに，制作の過程や結果の評価，改善及び修正について考えること。」をふまえて設定したものである。この題材では，生活や社会の中から見いだした問題を情報通信ネットワークを利用した双方向性のあるコンテンツのプログラミングによって解決する活動を通して，情報の技術の見方・考え方を働かせて，問題を見いだして課題を設定し解決する力を育成するとともに，安全・適切なプログラムの制作，動作の確認及びデバッグ等ができるようにすることをねらいとしている。

　日本政府は「Society5.0」の超スマート社会の実現を目指し，関連企業や大学などと連携し取り組んでいる。それに伴い，遠隔診療やクラウドサービス・無人走行運転を実現するための「IoT 技術」や「AI 技術」などのＩＴがかつてないほど進化している。これらの技術革新には，情報通信ネットワークやソフトウェア，プログラミングの知識や技能が一層求められる。これからの社会で必要な資質・能力の１つとして，知識・技能を統合し，生活や社会における問題を発見し，よりよい社会実現のためにどう課題を設定し，ＩＴを駆使して解決する資質・能力が必要となる。本題材では，統一モデリング言語を用いたプログラミングソフトを使用することで，中学生にも比較的容易にプログラミングが行うことができる。このソフトウェアを用いて，情報通信ネットワークを利用した「ネットショッピングサイト」の問題解決を体験することで，先ほど述べた資質・能力が身につくと考えられる。

2　教材の特徴

（1）実社会と関連させた課題

　生徒の学習意欲の向上や動機づけ，主体的な学びの促進を目的として，「プログラマーである生徒たちがクライアントからコンテンツ開発の制作依頼を引き受ける」という課題を設定した。課題の真正性を高めるため，「制作依頼」という社会で行われる企業間でのやり取りを感じられる工夫を追究した。クライアントからの条件として，どういったサイトを制作してほしいのかといった明確な要望や，制作時間数の制限など具体的に提示した内容を心掛けた。その際，生徒たちにD（1）で学習した見方・考え方である「利便性・機能性・安全性」に関連させ，どのような工夫が必要なのか気づかせた。

【クライアントからの制作依頼】
　我が社で扱っている果物を、インターネットで販売する企画を検討しています。我が社でも販売サイトを作成したのですが、あまり使い勝手がよくありません。そのため、御社に販売サイトのユニバーサルデザイン仕様のサイト開発をお願いしたい。我が社が目指す目標は、「3つ星ランクの評価の通販サイト」です。そのため、見やすい・操作しやすい等の「利便性」、商品を購入しやすい等の工夫のある「機能性」、サイトの危険回避・お客様の情報漏洩を防ぐ「安全性」のシステムの実装をお願いしたい。制作・評価も含めて6時間以内で開発のほど、よろしくお願い致します。

図1　実社会と関連させた課題のシナリオ

（2）双方向ネットショッピングサイトのコンテンツ開発

　制作するためのソフトウェアは「Scratch1.4」を使用した。ブロックプログラムであるため，初めてプログラミングする生徒にとっては取り組みやすいと考えた。双方向性のある通信プログラムを使用し，生徒同士でネットショッピングサイトのシステムを制作し，相互に評価を行わせた。通信プログラムの制作では，プログラミングの難易度や授業時間数の制約を考慮して，ベースとなる通信プログラムは予め作成しておき，生徒には新たなシステムの追加制作のみ行わせた。お客様が買い物する「Join」と，商品を管理する「Host」のサイトプログラムを用意して，お客様から商品の在庫確認の問い合わせを店側に送信し，店側から返信，商品の清算までの流れを制作するよう設定した。

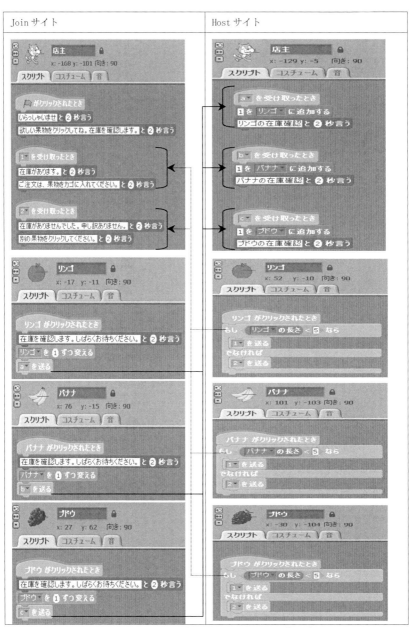

図2　ネットショッピングサイトの基本プログラム

（3）ポートフォリオ・ワークシート

　ポートフォリオ形式によるワークシートは，筆者が独自に作成したものであり，全学年・全題材で使用している。図3はD（2）用に構成しており，「コンテンツ開発シート」と名称を設定した。「見通し」と「振り返り」を一貫した構成としており，これからどういった学習をするのか，どういった流れで学んでいくのか等の不安を持っている生徒に学習の計画をとらえやすくした。また，単に「結果の振り返り」をするだけではなく，問題を解決するために考えたこと，工夫したこと，学び方や気づいたことなど，「過程の振り返り」においても一覧として確認できる特徴もある。

図3　ポートフォリオ・ワークシート（A3上下の1枚構成）

（4）Scratch ブロック説明書・マニュアル

双方向性のあるネットワークを活用したプログラミングを少ない時間数で達成するためには，全てのやり方を説明するのではなく，資料を提供し，生徒独自で情報を収集し，必要に応じて適宜に活用する指導方法にする必要があると考えた。そのため，Scratch のブロックの動作について，1つ1つ説明したブロック説明書と，パスワードの設定やＡＴＭ，自動精算システムなどネットショッピングに関連するプログラムを掲載したマニュアルを，それぞれ独自に作成した。2つのワークシートをファイルに綴じておき，コンピュータ室にて管理し，全学級の生徒が共有して使用するように準備した。これにより，少ない時間数でも Scratch の動作を容易に理解することができ，ブロックプログラムの使い方を身につけることができた。

3　指導計画

題材は，2学年を対象に全 10 時間で構成した。1時間目にコンテンツ開発シートを配布，実社会に関連させた課題を提示し，取り組む制作内容と目指すゴールを明確にさせた。Scratch マニュアルを活用して，プログラムのやり方を体験後，アクティビティ図で設計を行い，5時間の制作活動を経て，課題を達成するプログラムの評価を行った。

制作過程では，教師は基本的にトラブルの発生や質問・相談がある以外に生徒の制作活動への干渉を控え，自主的な活動を中心に授業を進行した。制作における困ったことなどは，生徒同士で話し合う環境を整え，プログラムの新たなアイディア発見やプログラムのデバッグ等を行いやすくした。これにより，対話的な学びにおいても充実させた。

生徒の活動の様子として，制作の1時間目は初めてのプログラミングに戸惑っていたが，マニュアルを見ながらブロックを組んでいくにつれて，慣れていく状況が見てとれた。大体の生徒が「安全性」の視点からパスワードのシステムを設定しており，2～4時間目には「利便性」「機能性」の視点から無人レジや操作ボタンのシステム等の実装を行っていた。また，友達との交流から，スプライトをクリックすると「音が鳴る」や「画像が大きくなる」など，アクセシビリティに対応したシステムも見られた。

表1　題材の指導計画

学習項目	指導内容・手順等	指導上の留意点
ネットショッピングサイトのコンテンツ開発における課題発見（1時間）	・パフォーマンス課題を提示し，どんなネットショッピングサイトを制作すればいいのか，課題解決アイディアを発見させる。	・有名ショッピングサイトの写真を提示し，利便性・機能性・安全性のアイディアを具体的に考えさせる。
Scratch1.4 の基本操作学習とプログラム体験（2時間）	・社会で活用されている具体例なプログラムをまとめたマニュアルを参考に，数種類のプログラム例を制作体験させる。	・ソフトの起動など1つ1つのPC操作を，プロジェクターで映し出し，全体確認しながら授業を進行する。
アクティビティ図の作成（1時間）	・作成したネットショッピングサイトの基本データを操作し，流れを理解させる。また，アクティビティ図を用いたプログラムの設計をさせる。	・Scratch のマニュアルからアクティビティ図の特徴や書き方を理解させる。
ネットショッピングサイトのプログラム制作（5時間）	・「利便性・機能性・安全性」のそれぞれ特徴を持ったシステムを，サイトの基本データにプログラミングさせる。	・生徒が自由に立ち歩いて，情報交流やプログラム相談などが気軽にできる環境を設定する。
ネットショッピングサイトのプログラム評価（1時間）	・Host 側と Join 側をそれぞれ担当させ，ネットショッピングサイトの「利便性・機能性・安全性」それぞれのシステムを評価させる。	・評価する時間や切り替えるタイミングを管理・指示し，テンポよく進行する。

4　授業内容（ネットショッピングサイト相互評価）

　生徒PCのネットワークをIPアドレスで接続した後，Join のプログラム動作を相互評価させた。図4は，その様子を撮影したものである。

図4　相互評価授業の風景

【ネットショッピングサイト相互評価の授業指導案】

過程	学習活動	指導上の留意点(◇) 努力を要すると判断した生徒への手立て(◆)	○評価規準 (評価方法)
導入	1 めあてを知る。	◇授業前に Scratch を起動させておく。	
	クライアントの要求に応えたシステムをテストプログラムから評価しよう。		
	2 評価の流れを知る。	◇ホワイトボードにあらかじめタイムスケジュールや評価方法を記しておく。	
展開	3 サイト評価するための方法理解する。	◇評価される生徒はHost を，評価する生徒は評価される生徒の Join を開かせる。生徒同士で指示された内容を確認させる。 ◇Host 担当の生徒は，ＩＰアドレスを Join 担当の生徒に伝達し，入力させる。打ち間違えを無くすため，2回確認させる。 ◆ＰＣ操作をプロジェクターで画面を映しながら，1つ1つ正確に操作を確認させる。	
	4 ネットショッピングサイトを相互評価する。	◇4人グループの1人がHost を担当，残り3人の内1人が Join を起動し，評価項目に沿って評価させる。 ◇Host 担当の生徒は，ワークシートにまとめた通販サイトのＰＲポイントを評価生徒へ伝達させる。 ◇1人当たりの評価時間を5分とし，全体で一斉に行動させる。 ◆通信やプログラムのトラブルに対応できるよう，机間巡視から様子を細かく観察する。	○課題を解決するためのネットショッピングサイトのシステムをプログラムしている。(制作品)
	5 評価活動の片づけをする。	◇プログラムの終了，ＵＳＢメモリの片づけ，ＰＣシャットダウンなど，後始末の流れを伝達する。	
	6 新たな課題の設定，題材を振り返る。	◇プログラムの評価を通して，「もう一度プログラム制作するとしたら」と問い，新たな課題の設定として，考えをまとめさせる。 ◇評価結果から，これまでの学習を振り返り，考えをワークシートに記入させる。見通しの内容に対して，コンテンツ開発の達成率を数値で評価し，その理由を記入させる。また，題材を通してどんな力が身についたか等，自分を客観的にとらえさせる。	○課題を解決するためのシステムを評価し，これまでの過程や結果を振り返ろうとしている。(ワークシート)
まとめ	7 まとめを書く。	◇授業で学んだことをまとめさせる。	
	○まとめの例 　友達のネットショッピングサイトを評価して，パスワードの設定以外に安全性を考えたシステムがあって，すごかったです。自分は，販売する果物の値段を大きく表示して見やすくする利便性を考えました。友達に「これ，いいね！」と評価され，いい工夫ができたと思いました。		

5　題材の評価

　題材で使用した3つの教材の有効性について，以下に示す（1）・（2）の調査にて評価した。

（1）アンケート調査

　題材学習後，選択式・記述式のアンケートを2学年190名に実施した。アンケート評価した目的は，題材で使用した教材等が生徒に目標とする力をつけるために有効であったかを測るためである。結果をグラフに示す。

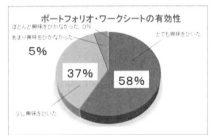

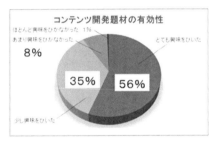

図5　アンケート調査における結果グラフ

　今回使用した3つの教材において，アンケート回答を集計したところ，「とても興味をひいた」「少し興味をひいた」がいずれも90％を超えた。この結果から，題材で使用した教材が「主体的・対話的で深い学び」に一定の成果が挙げられたと考える。また，題材を通して「どういった力が身についたか」を選択式で調査した所，「プログラミング思考力」「問題解決能力」「創造力」が多数挙げられた。今回，意図した資質・能力の育成が，生徒自身で高まったと実感できたことから，双方向ネットワークを活用した問題解決学習として，生徒の成長に大きく貢献できたと考える。

実社会と関連させた課題においては,「人に頼まれて利便性などを考えて,役に立てている感じがあって達成感があった」や「依頼人のためにプログラミングで解決するというのが面白かったから」などの記述が多く,依頼された問題解決に対して,生徒が主体的に取り組む意欲が高まった。

　ポートフォリオ・ワークシートにおいては,「自分自身の内容や工夫を整理して,見やすくなるような構成だったから」や「今自分がサイトを作るために何を直したら良いか,当初の目的は一体何だったのかなど一目見ただけで振り返ることができた」などの回答が多数あったことから,生徒の学習支援に大きく貢献できたため,教材の狙いに即した結果と言える。

　コンテンツ開発においては,「双方向通信によって実際のサイトのような売買ができて,興味を持って交流できたから」など,双方向ネットワークがネットショッピングサイトのシステムを構成していることを実感でき,改めて社会で利用されているサイトの仕組みに関心を持つことに繋がった。

（2）ポートフォリオ・ワークシートの記述調査

　生徒が題材で使用したワークシートを検証すると,マニュアルの書き方に準じたアクティビティ図,利便性・機能性・安全性やサイトのＰＲポイント,評価を終えた後の新たな課題発見が具体的かつ明確に記述されていた。特に課題発見においては,さらにサイトをより良くするための評価を踏まえた改善策があり,内容も充実したものが多かった。また,「様々な視点で考えることの重要さを学んだ」との記述があった。これは,制作活動や相互評価から友達からの助言や,他者の工夫を観察する活動を通した事から,物事を客観的にとらえるメタ認知能力が高まったことを推測できる。

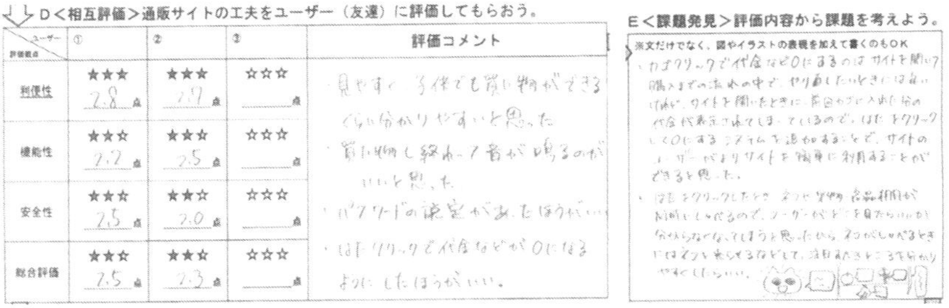

図6　生徒が記述したポートフォリオ・ワークシート

6　まとめ・考察

　今回の学習指導要領改訂に伴って新設された内容D（2）の双方向性のあるコンテンツのプログラミングによって解決する学習として，今回用いた教材等が生徒に身に付けさせたい資質・能力を伸ばすことに成果が表れ，「主体的・対話的で深い学び」の実現にも大きく貢献できたと考えられる。課題としては，プログラミングが苦手など支援を要する生徒に対して，Scratch マニュアルや説明書以外に具体的にどういった手法や対策がとれるかが，今後の検討事項である。

　今後の社会はさらにＩＴが進化し，新たな仕事が生み出されていく。さらに高度な情報社会となり，予測不能な社会が待ち受けていることは間違いない。これからの社会を支える生徒たちにとって，スマートフォンやタブレットは生まれた時から存在するアイテムであり，適切に・安全に使いこなすための知識・技能は必要不可欠である。また，身につけておくべき資質・能力は，間違いなく「未知の問題にも果敢に挑戦し，問題解決能力を有した粘り強く取り組む力」が求められると考える。そのためには，知識・技能をしっかり習得した上で見方・考え方を活用し，学校教育と社会を強く関連付ける魅力的な題材から，「主体的・対話的に深い学び」による問題解決学習を，技術科の授業から身につけさせることが求められる。そのため，これからの時代において，技術科教育はなくてはならない教育であり，さらに重要なポジションを担ってくる。だからこそ，時間数が少ない中で教材や指導方法の工夫に取り組んでいる全国の技術科の先生方は，これからの日本を担う生徒たちに最も必要な資質・能力を身につけさせることができる唯一の教育者である。私自身もそれを誇りとして，日々研鑽を積み重ね，これからの日本を支える人材育成に力を注いでいきたい。

（山田　祐希）

参考文献等

1）文部科学省．中学校学習指導要領（平成 29 年告示）解説　技術・家庭科編
2）佐藤真．各教科等での「見通し・振り返り」学習活動の充実 - その方策と実践事例．教育開発研究所（平成 22 年 1 月 1 日）
3）森山潤．技術による問題解決．東京書籍（令和元年 10 月）

あとがき

　最後に，執筆に関わった者が述べるのは無責任ですが，本書の意味や価値は，読み手である皆さんの力や考え方に委ねられます。本書から何を学び，どのように生かすかは読んでいただいた皆さん自身です。ぜひ，有効に役立ててください。初版本からのバージョンアップに際し，素晴らしい実践をされている先生方に，教材開発の実際としてご自身の思いや信念などを具体的に示していただきました。全体を見通すと，啓発的意味を持つ内容であり中身の充実した実践書になっています。「新編 技術科教材論」という本書名が指し示す「技術科教育」「教材」それぞれの在り方について，再確認の意を込めてまとめます。

1．技術科教育の在り方

　学習指導要領がおよそ 10 年ごとに改訂される過程で，多面的に技術科教育を考察してみると，以下のようにまとめることができます。

① 戦後に新設された技術科の教科目標の変遷をたどると，産業を視野に入れた教科から，身近な生活を視野に入れた教科へ，そして生徒の生き方へ，と学びの目標の変化がわかります。加えて，技術・家庭科の技術分野としての技術科教育の位置づけや編成にその課題が生じています。

② 技術科の内容の変遷からみると，時代の変化や社会の要請に対して，敏感に対応してきた教科であるといえます。そのため，指導する教師は，変化に応じた柔軟な姿勢や心構え等が要求されてきました。

③ 技術科の教授過程の変遷からみると，今は，経験主義的な学習と系統主義的な学習の特長を備えた問題解決的な学習の実践が求められています。

④ 技術科の教授法として，実践的・体験的学習を中心とした教科構成のため，系統立った理論構築を土台とし，プロジェクト型学習として経験的な学びを推し進める必要があります。

⑤ 技術科教育は，教材の在り方や開発及び選定等の研究を中心として，実証的研究の必要性が求められています。

　これまでの学会論文の題目から概観すると，教科発足期における教科論研究から，研究成果を踏まえた実証的・具体的研究へと変化していることにより，教科の成熟期及び刷新期を迎えていると推察されます。

２．教材の在り方

　教師の創意工夫により，時代に応じた教科内容が編成され，教材の開発が進められ，優れた内容を含む「価値ある教材」が存在したと考えられます。特に，技術科教育は実習や体験を伴う教科であり，生徒は意欲的で積極的に学ぶ姿が見られます。しかし，教師から提示される教材内容によって，生徒の学ぶ姿勢に大きな影響を受けます。したがって，学習目標を達成するためには，教師の創意工夫が求められ，時代や状況に応じた教科内容を編成し教材を提示する必要があります。そして「価値ある教材」が提示されれば，生徒自らが主体的に，学習に取り組む意欲や態度を備えるようになり，教師は，その場・その生徒に適した指導が実現できるようになります。

「価値ある教材」とは，
　　○新鮮で知的好奇心がそそられるもの
　　○生涯学ぶことを楽しみにし，自己を高めることができるもの
　　○一人一人の個性を生かしながら，仲間と共に伸ばすことができるもの
　　○筋道を立てて考え，科学的な学習方法を身に付けることができるもの
　　○鋭い感受性を養い，豊かな人間性を育むことができるもの

と考えられます。技術科教育を実践する上で，教材の存在は特に大きく，一層の研究や実践が必要です。そのため，技術科教育における教材論の追究をこれからも課題として位置づけることができます。

　この度も，新学習指導要領が完全実施されますが，教育現場では，その対応を確実にして教育されると推察します。どのように内容が改訂や精選されたかなどその趣旨を理解した上で，目の前にいる生徒に，いかに有効な技術科教育を実践できるかが課題になります。新学習指導要領の趣旨や内容を逸脱することは許されませんが，各教師・各地域独特のユニークな教材や指導法の実践など思い切った取り組みが必要です。技術科教育の発展や教科意義を，確実な存在として示すために，一歩，前に踏み出すことが必要です。これまで以上の実践を目標として推進するために，刷新や変化及び挑戦が大切です。共に頑張りましょう。

　2021 年 3 月　　　　　　　　　　　　　　　　　著者代表

　　　　　　　　　　　　　　　　　　　　　　安東　茂樹

―― 編著者紹介 ――

安東 茂樹（あんどう しげき）
1950年明石市生まれ。芦屋大学 特任教授，京都教育大学 名誉教授，博士(教育学)。

兵庫県の公立・国立附属中，兵庫教育大，京都教育大，広島国際学院大を経て現職。
文部科学省学習指導要領技術作成協力者主査，文部科学省大学設置審議会委員，
日本産業技術教育学会会長，京都教育大学附属高校校長を歴任。現職では，学部と
大学院で教員養成等に従事。主著：『教授過程における技術的能力を高める教材』(風
間書房，単著)，『技術科教育はなぜ必要か』(竹谷ブックレット，単著)，ほか。

原田 信一（はらだ しんいち）
1960年広島県生まれ。京都教育大学 教授，博士(教育学)。

広島県立教育センター，広島県教育委員会事務局，広島県公立中学校教頭を経て現
職。京都教育大学附属桃山中学校長。全国国立大学附属学校連盟副理事長，日本教
育大学協会評議員，日本産業技術教育学会監事。教員養成と教材開発などに従事。
主著：『技術科教育概論』(九州大学出版会，分担執筆)，『アクティブ・ラーニングで
深める技術科教育〜自己肯定感が備わる実践〜』(開隆堂出版，分担執筆)，ほか。

藤川 聡（ふじかわ さとし）
1966年京都市生まれ。北海道教育大学 教授，博士(人間科学)。

京都市の中学校教諭を経て現職。大阪大学 大学院人間科学研究科 博士課程修了。
日本カリキュラム学会理事(歴任)，日本学校教育実践学会評議員。現職では高度
教職実践専攻（教職大学院）に所属し授業開発分野を担当している。主著：『現代
カリキュラム研究の動向と展望』(教育出版，分担執筆)，『技術科教育概論』(九州
大学出版会，分担執筆)，『技術科教材論』(竹谷出版，共著)，ほか。

執筆担当

安東 茂樹 ・・・ まえがき，第Ⅰ章（第1節），第Ⅱ章（第1節），あとがき
原田 信一 ・・・ 序章，第Ⅰ章（第2節：1，2）
藤川 聡 ・・・ 第Ⅲ章（全節）

──── 著者紹介 ────

第Ⅰ章（第2節：3）・・・・・・・・　岳野　公人（滋賀大学　教授）

第Ⅱ章（第2節）・・・・・・・・・・　藤本　光司（芦屋大学　教授）

第Ⅳ章

第1節・・・・・　中川　　晃（宇治市立広野中学校　教諭）

第2節・・・・・　米澤　和善（大阪市立東我孫子中学校　教諭）

第3節・・・・・　熊倉　　誠（明石市立大久保北中学校　教諭）

第4節・・・・・　木下　大和（大津市立唐崎中学校　教諭）

第5節・・・・・　丸山　敏夫（相楽東部広域連合立笠置中学校　非常勤講師）

第6節・・・・・　森田　　忠（浜松市立積志中学校　校長）

第7節・・・・・　和田　義則（京都市立開睛小中学校　教諭）

第8節・・・・・　山下　道夫（京都市立加茂川中学校　校長）

第9節・・・・・　小谷　晶子（奈良市立登美ヶ丘北中学校　教諭）

第10節・・・・　青山　陽介（春日井市立岩成台中学校　教諭）

第11節・・・・　関　　健太（北海道教育大学附属旭川中学校　教諭）

第12節・・・・　勝瀬　駿太（帯広市立南町中学校　教諭）

第13節・・・・　小澤　雄生（京都教育大学附属京都小中学校　教諭）

第14節・・・・　小原　直也（西宮市立深津中学校　教諭）

第15節・・・・　山田　祐希（東広島市立西条中学校　教諭）

（所属及び職名は 2021 年 3 月 1 日現在）

表紙デザイン ・・・・ 中塚 智子

文章校正 ・・・・・・ 竹谷 三輪子

新編 技術科教材論 ／ 竹谷出版

2021 年 4 月 26 日　初版第 1 刷発行	責任編集　ⓒ安東　茂樹
	全体編集　　藤川　　聡
	編　　集　　原田　信一
	発 行 者　　竹谷　友策
	発行所　　竹谷教材株式会社 出版事業部
	〒607-8104
	京都府京都市山科区小山谷田町 7
	電話：075-581-0828
[検印省略]	印刷・製本　　株式会社 コームラ